★ ★ ★ ★
4차 개정판

어린이

훈민정음

기초 문법

띄어쓰기

발음

맞춤법

1-1

★★★★
4차 개정판 **어린이 훈민정음**

" 말이 오르면 나라도 오르고,
말이 내리면 나라도 내리나니라.

문명 강대국은 모두
자국의 문자를 사용한다. "

– 주시경

제 1 과 글자를 만들어요(1)

1 우리글

우리말에는 모음자와 자음자가 있습니다.

모음자	ㅏ, ㅑ, ㅓ, ㅕ, ㅗ, ㅛ, ㅜ, ㅠ, ㅡ, ㅣ
자음자	ㄱ, ㄴ, ㄷ, ㄹ, ㅁ, ㅂ, ㅅ, ㅇ, ㅈ, ㅊ, ㅋ, ㅌ, ㅍ, ㅎ

✏️ 아래에서 모음과 자음을 찾아 빈칸에 모두 쓰세요.

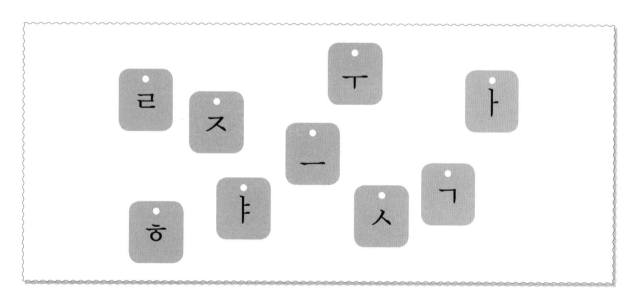

(1)	모음	

(2)	자음	

2 모음

 그림을 보고 알맞은 모음자를 쓰세요. 흐리게 표시된 부분도 따라 쓰세요.

(1)

(2)

(3)

(4)

(5)

(6)

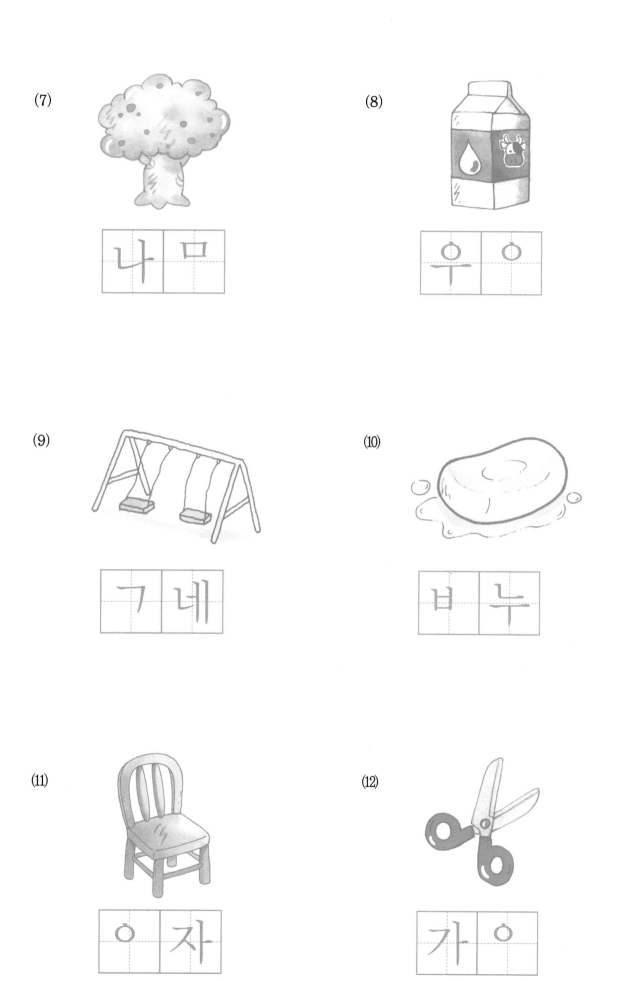

(7) 나무

(8) 우유

(9) 그네

(10) 비누

(11) 의자

(12) 가위

3 모음자 십자말풀이

✏️ 그림을 보고, 빈칸에 들어갈 모음자를 쓰세요.

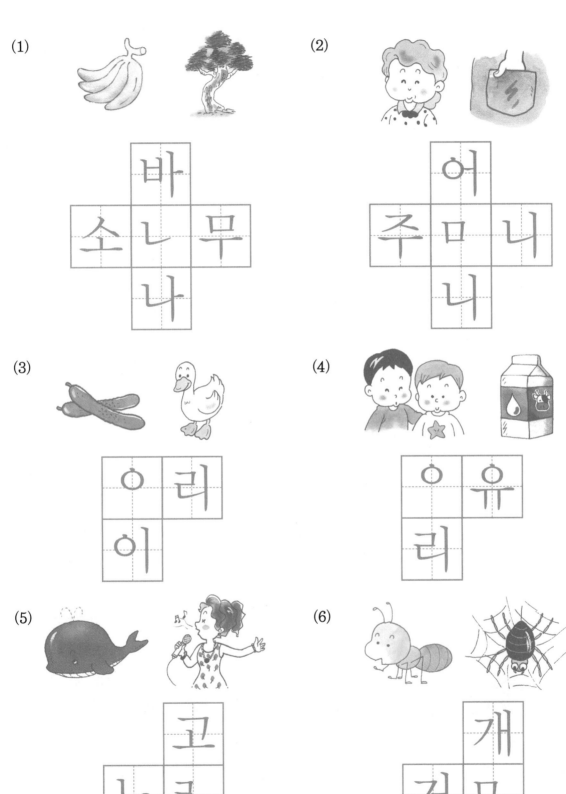

(1)

```
      바
소  ㄴ  무
      나
```

(2)

```
        어
주  ㅁ  니
        니
```

(3)

```
오  리
이
```

(4)

```
오  유
리
```

(5)

```
    코
노  ㄹ
```

(6)

```
    개
거  ㅁ
```

4 시장에서

 그림을 보고 그 물건 이름에 알맞은 모음자를 쓰세요.

(1)

(2)

(3)

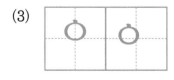

(4)

(5)

(6)

5 자음

 그림을 보고 알맞은 자음자를 쓰세요. 흐리게 표시된 부분도 따라 쓰세요.

(1)

(2)

(3)

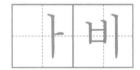

(4)

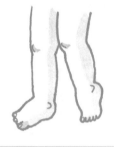

(5)

(6)

(7)

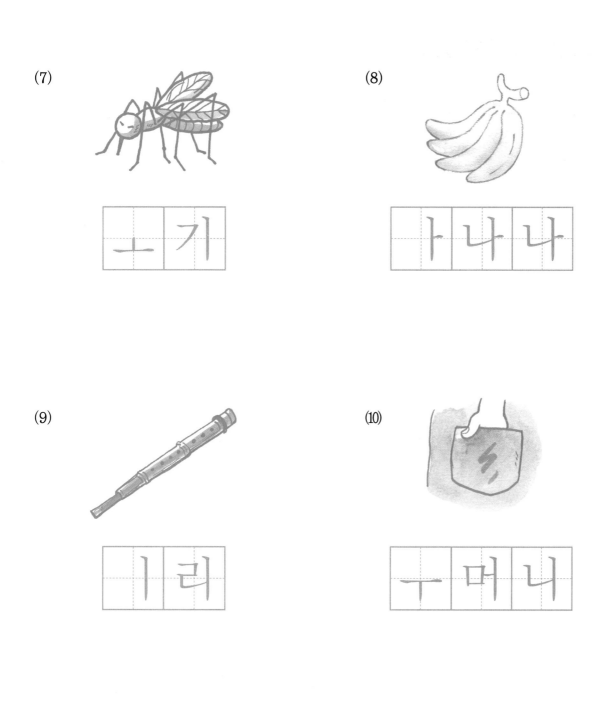

ㅗ기

(8)

ㅏ나나

(9)

ㅣ리

(10)

ㅜ머니

(11)

기ㅏ

(12)

ㅏ마

6 자음자 십자말풀이

 그림을 보고, 빈칸에 들어갈 자음자를 쓰세요.

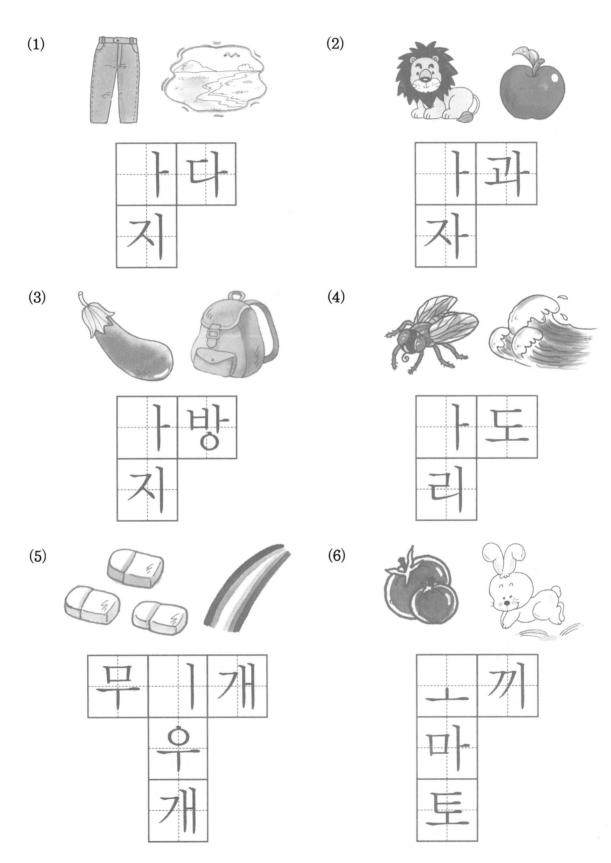

(1)

ㅏ	다
지	

(2)

ㅏ	과
자	

(3)

ㅏ	방
지	

(4)

ㅏ	도
리	

(5)

무	ㅣ	개
	우	
	개	

(6)

	ㅗ	끼
	마	
	토	

7 동물원에서

 다음 그림을 보고, 동물 이름에 알맞은 자음자를 쓰세요.

(1)

(2)

(3)

(4)

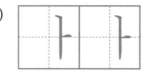

(5)

(6)

제 **2** 과   글자를 만들어요(2)

1 글자의 짜임

> 우리글은 자음자와 모음자가 합쳐져 만들어집니다.
>
> 이때, 자음자는 글자의 왼쪽이나 위쪽에 씁니다. 모음자는 글자의 오른쪽이나 아래쪽에 적습니다.
>
>
> 자음자 모음자
>
>
> 자음자
> 모음자

✏️ 자음자와 모음자의 위치를 생각하며 그림 속 동물의 이름을 빈칸에 쓰세요.

(1)

(2)

2 바다 동물

 다음 그림에 알맞은 바다 동물 이름을 쓰세요.

(1)

ㄱ	

(2)

	개

(3)

	우

(4)

ㅅ	ㄹ

(5)

ㄱ	ㅈ

(6)

3 소리마디

한 번에 내는 말소리의 단위를 '소리마디'라고 합니다. 모음과 자음이 어울려 소리 나는 덩어리를 뜻합니다.

- 소리마디가 한 개인 낱말: 소, 개, 쥐
- 소리마디가 두 개인 낱말: 사자, 개미, 모기
- 소리마디가 세 개인 낱말: 요리사, 어머니, 코끼리

✏️ 다음 낱말을 소리마디의 개수에 따라 나누어 쓰세요.

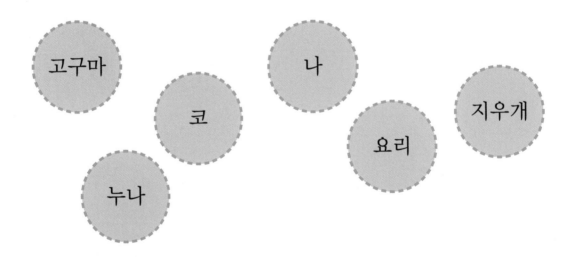

고구마   코   나   요리   지우개   누나

(1)	소리마디가 한 개인 낱말	
(2)	소리마디가 두 개인 낱말	
(3)	소리마디가 세 개인 낱말	

4 과일

✏️ 다음 그림 속 과일의 이름을 소리마디의 개수에 따라 나누어 쓰세요.

포도

사과

자두

바나나   배   토마토

(1)	소리마디가 한 개인 낱말 (1개)	
(2)	소리마디가 두 개인 낱말 (3개)	
(3)	소리마디가 세 개인 낱말 (2개)	

5 여러 모음자

 다음 글 속에 알맞은 모음자를 골라 쓰세요.

(1) ㄴ일 우리 집에서 같이 놀자.

(2) 지수는 그ㄴ 를 탔다.

ㅐ / ㅔ

(3) 민정이가 재미있는 ㅇ 기 를 들려주었다.

(4) 꽃이 정말 ㅇ 쁘 다 .

ㅖ / ㅒ

(5) ㅇ 할 머 ㄴ 께서 우리 집에 오셨다.

(6) ㄷ 지 가 꿀꿀꿀.

ㅙ / ㅚ

(7) 나는 ㅇ 사 가 되고 싶다.

(8) 가 ㅇ 로 종이를 잘랐다.

ㅟ / ㅚ

6 얼굴

 다음 그림에서 가리키는 부위의 이름을 쓰세요.

(1) ㅁ ㅣ

(2) ㅇ ㅁ

(3) ㄱ

(4)

(5) ㅇ

(6) ㅕ

7 무슨 뜻일까요?

 다음 낱말의 뜻을 찾아 선으로 이으세요.

| (1) 시장 | (2) 자세 | (3) 고개 | (4) 예의 |

   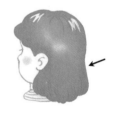

㉠	㉡	㉢	㉣
그대로 있거나 움직이는 몸의 모양.	상대를 높인다는 뜻을 보이기 위해 나타내는 말투나 동작.	여러 상품을 사고파는 곳.	사람이나 동물의, 목을 포함한 머리 부분.

8 숨은 글자 찾기

✏️ 다음 그림 속에 숨은 글자를 찾아 한 낱말을 만들어 보세요.

(1)
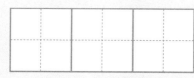
공중에 떠 있는 물방울이 햇빛을 받아 나타나는 일곱 빛깔의 줄.

제 3 과 받침이 있는 글자를 읽어요(1)

1 받침이 있는 글자

받침은 글자의 아래쪽에 있는 자음자입니다. 자음자와 모음자로 만들어진 글자 아래에 받침을 적어 새로운 글자를 만듭니다.

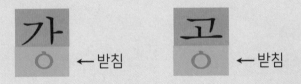

다음 그림을 보고 받침을 넣어 새로운 낱말을 만드세요.

(1) 4 [사] → [   ]

(2) 5 [오] → [   ]

2 받침 있는 낱말, 받침 없는 낱말

✏️ 아래 그림을 보고 위에는 받침 없는 낱말, 아래에는 받침 있는 낱말을 쓰세요.

3 바르게 쓰기

 다음 낱말의 받침을 고쳐 쓰세요.

(1)

풀

(2)

윷

(3)

숲

(4)

솥

(5)

책

(6)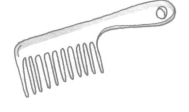

빗

(7)

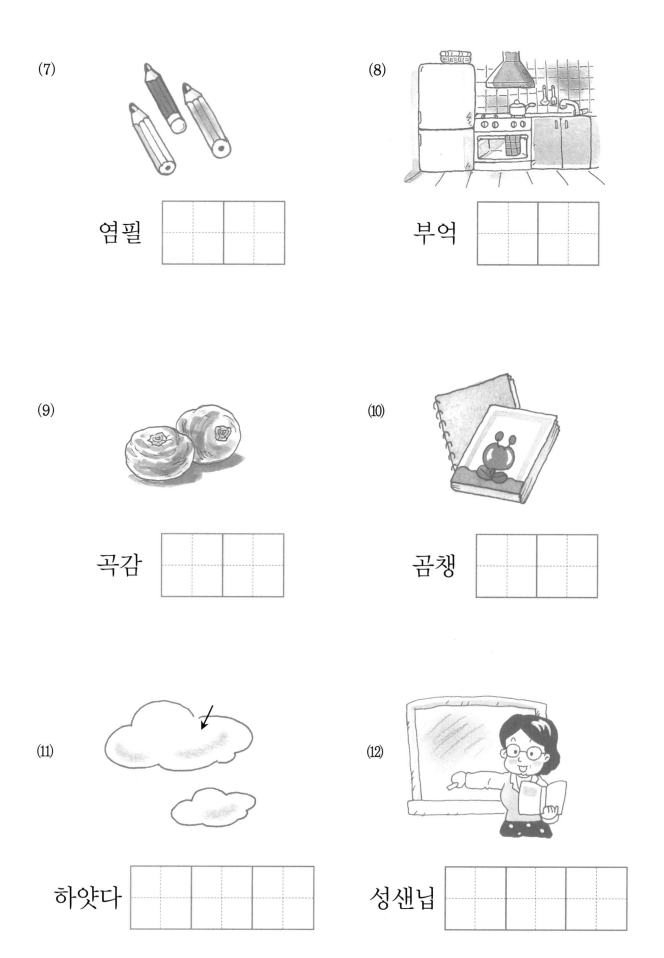

염필 □□

(8)

부억 □□

(9)

곡감 □□

(10)

곰챙 □□

(11)

하얏다 □□□

(12)

성샌님 □□□

4 무슨 받침일까요?

 그림을 보고 알맞은 받침을 쓰세요.

(1)

지

(2)

무

(3)

벼

(4)

차

(5)

파

(6)
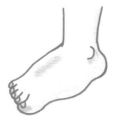

바

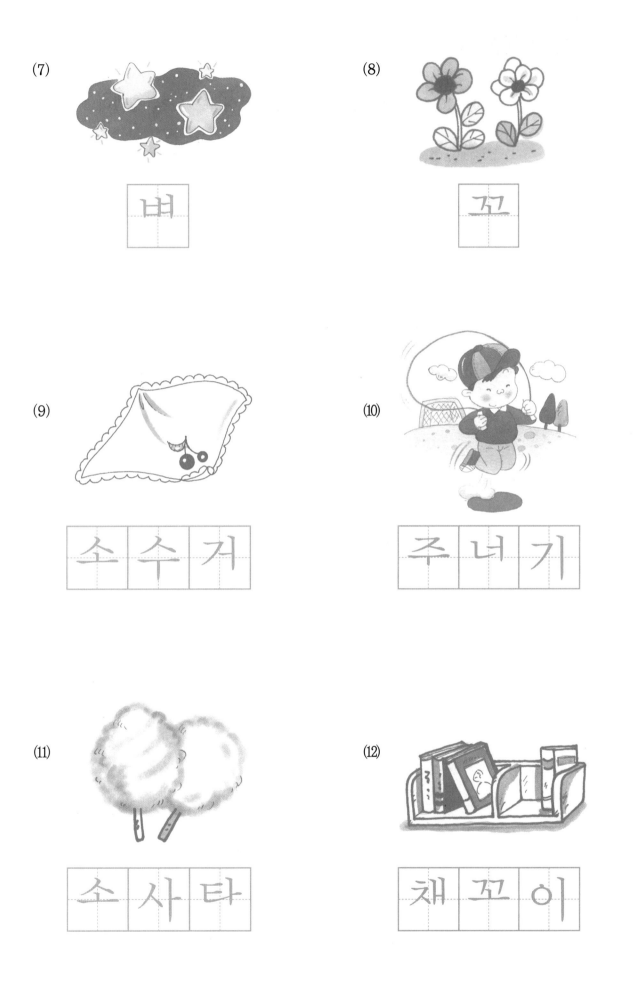

(7) 벼

(8) 꼬

(9) 소 수 거

(10) 주 너 기

(11) 소 사 타

(12) 채 꼬 이

5 엉터리 동물원

 성준이가 동물원에 갔어요. 그런데 동물 앞에 써 놓은 이름표가 모두 틀렸어요. 바르게 고쳐 쓰세요.

(2) 얼룽말
(1) 콧끼리
(3) 웝숭이
(4) 톡기
(5) 기림
(6) 함마

(1)

(2)

(3)

(4)

(5)

(6)

6 식사 예절

밥을 먹을 때에 지켜야 할 예절이 있어요. 그림을 보고 알맞은 낱말을 찾아 바르게 고쳐 쓰세요.

(4) 그륵
(5) 밤찬
(3) 궁물
(1) 숫가락
(2) 적가락

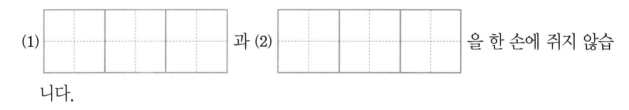

(1) ⬚⬚⬚ 과 (2) ⬚⬚⬚ 을 한 손에 쥐지 않습니다.

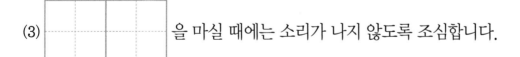

(3) ⬚⬚ 을 마실 때에는 소리가 나지 않도록 조심합니다.

(4) ⬚⬚ 을 긁는 소리를 내지 않습니다.

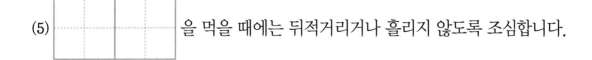

(5) ⬚⬚ 을 먹을 때에는 뒤적거리거나 흘리지 않도록 조심합니다.

제 **4** 과 받침이 있는 글자를 읽어요(2)

1 바르게 읽기

 책을 바르게 읽는 자세입니다. 그림을 보고 빈칸에 들어갈 낱말을 쓰세요.

(1) 엉덩이를 [|자] 뒤쪽에 붙이고 앉습니다.

(2) [흐|르] 를 곧게 폅니다.

(3) 두 [소] 으로 책을 잡고 읽습니다.

(4) 책과 [누] 의 거리를 알맞게 합니다.

2 바르게 쓰기

✏️ **글씨를 바르게 쓰는 자세입니다. 그림을 보고 빈칸에 들어갈 낱말을 쓰세요.**

(1)  을 책상 위에 바르게 놓습니다.

(2)  를 너무 많이 숙이지 않습니다.

(3) 손으로 [터] 을 받치지 않습니다.

(4) 글씨를 쓰지 않는 으로 공책을 누릅니다.

3 '동동'과 '둥둥'

소리나 모양을 표현하는 말에서, 모음 'ㅗ'나 'ㅏ'는 작은 느낌을 나타냅니다. 반대로, 모음 'ㅜ'나 'ㅓ'는 큰 느낌을 나타냅니다.

동동	: 작은 물체가 떠서 움직이는 모양.
둥둥	: 큰 물체가 떠서 움직이는 모양.

 다음 문장에 어울리는 낱말을 골라 동그라미를 하세요.

(1) ① 호수 위에서 아기 오리는 (동동, 둥둥),

　　② 엄마 오리는 (동동, 둥둥).

(2) ① 개구리는 물속으로 (퐁당, 풍덩),

　　② 말은 물속으로 (퐁당, 풍덩).

(3) ① 나는 짜장면을 보고 침을 (꼴깍, 꿀꺽),

　　② 아버지는 짬뽕을 보시고 침을 (꼴깍, 꿀꺽).

4 무슨 낱말일까요?

✏️ 다음 설명에 알맞은 낱말을 찾아 쓰세요.

> 화분　　너비　　발표　　상장　　못물

(1) 잘한 일에 대하여 칭찬하는 글을 적은 종이.

(2) 어떤 사실이나 작품 등을 드러내어 알림.

(3) 넓고 오목하게 팬 땅에 고인 물.

(4) 꽃을 심어 키우는 그릇.

(5) 넓은 물체의 한쪽에서 다른 쪽까지 거리.

5 무슨 뜻일까요?

✏️ **밑줄 친 낱말의 뜻을 찾아 번호를 쓰세요.**

(1) 의자의 <u>등받이</u>가 흔들거려요.　　　　　(　　)

　　① 의자의 가장 아랫부분.

　　② 의자를 들 때 손으로 잡는 부분.

　　③ 의자에 앉을 때 등이 닿는 부분.

(2) 현정이는 신발을 <u>가지런히</u> 벗어 두었어요.　　(　　)

　　① 급한 마음으로 몹시 허둥거리며.

　　② 여럿이 높낮이나 크기 등이 차이가 없게.

　　③ 이리저리 마구 흩어지게.

(3) 수연이는 선생님의 말씀을 <u>집중해</u> 들었어요.　　(　　)

　　① 한 가지 일에 모든 힘을 쏟아부어.

　　② 어떤 일을 열심히 하지 않고 대충.

　　③ 잊지 않도록 마음속에 깊이 기억해.

(4) 재훈이는 교실 앞에 서서 <u>또박또박</u> 말했어요.　　(　　)

　　① 말을 자연스럽게 하지 못하고 자꾸 막히며.

　　② 내용의 앞뒤가 잘 맞고 소리가 또렷하게.

　　③ 자꾸 망설이며 분명하지 않게.

6 바른 자세로 발표하기

 바르게 발표하는 자세입니다. 그림을 보고 빈칸에 들어갈 낱말을 쓰세요.

(1) | 누 | 은 듣는 사람을 바라봅니다.

(2) | 목 | 소 | 리 | 는 알맞은 크기로 또박또박 말합니다.

(3) | 허 | 리 | 는 곧게 세우고 손은 자연스럽게 내립니다.

(4) | 다 | 리 | 는 어깨 너비 정도로 자연스럽게 벌립니다.

7 바른 자세로 듣기

 바르게 듣는 자세입니다. 그림을 보고 빈칸에 들어갈 낱말을 쓰세요.

(1) 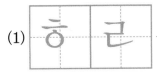 를 등받이에 붙이고 앉습니다.

(2) 은 다리나 책상 위에 자연스럽게 올려놓습니다.

(3) 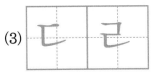 를 가지런히 합니다.

(4) 말하는 사람의 을 집중해 듣습니다.

8 'ㅐ'와 'ㅔ'

✏️ 'ㅐ'가 들어간 낱말과 'ㅔ'가 들어간 낱말을 구별해 봅시다. 바르게 쓴 낱말에 동그라미 하세요.

(1)
 ┌ 조개 (   )
 └ 조게 (   )

(2)
 ┌ 채소 (   )
 └ 체소 (   )

(3)
 ┌ 노래 (   )
 └ 노레 (   )

(4)
 ┌ 숙재 (   )
 └ 숙제 (   )

(5)
 ┌ 재비 (   )
 └ 제비 (   )

(6)
 ┌ 배개 (   )
 └ 베개 (   )

(7)
 ┌ 팽귄 (   )
 └ 펭귄 (   )

(8)
 ┌ 매뚜기 (   )
 └ 메뚜기 (   )

(9)
 ┌ 쓰래기 (   )
 └ 쓰레기 (   )

(10)
 ┌ 김치찌개 (   )
 └ 김치찌게 (   )

제 **5** 과 낱말과 친해져요(1)

1 글자의 짜임

우리글은 '첫소리, 가운뎃소리, 끝소리' 이렇게 세 소리가 합쳐져서 글자를 만듭니다. 첫소리와 끝소리는 자음자, 가운뎃소리는 모음자입니다.

끝소리가 없는 낱말은 '첫소리, 가운뎃소리'만 적습니다.

첫소리   가운뎃소리   끝소리

ㄱ + ㅏ + ㅇ = 강

✏️ **첫소리 – 가운뎃소리 – 끝소리를 연결하여 글자를 만드세요.**

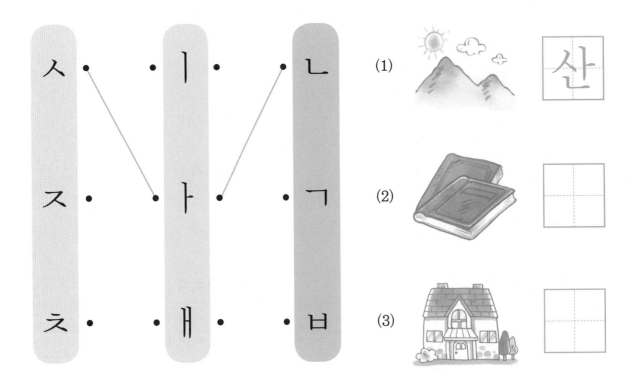

(1) 산

(2)

(3)

다음 자음자와 모음자를 합치면 어떤 글자가 될까요? 그림을 보고 빈칸에 알맞은 낱말을 쓰세요. 그리고 자음자와 모음자가 합쳐진 글자를 찾아 바르게 짝지으세요.

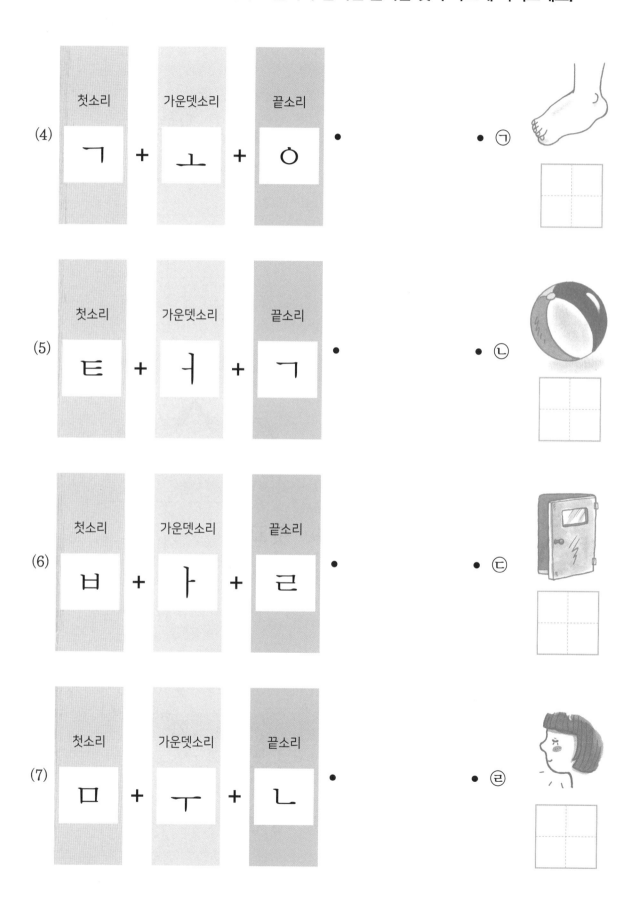

(4) 첫소리 ㄱ + 가운뎃소리 ㅗ + 끝소리 ㅇ   •   • ㉠

(5) 첫소리 ㅌ + 가운뎃소리 ㅓ + 끝소리 ㄱ   •   • ㉡

(6) 첫소리 ㅂ + 가운뎃소리 ㅏ + 끝소리 ㄹ   •   • ㉢

(7) 첫소리 ㅁ + 가운뎃소리 ㅜ + 끝소리 ㄴ   •   • ㉣

✏️ 아래 그림을 나타낸 낱말을 고쳐 쓰세요.

(1) 칭구

(2) 바란

(3) 구릅

(4) 핫교

(5) 과핱

(6) 앙견

✏️ **밑줄 친 낱말을 바르게 고쳐 쓰세요.**

(7) 윤정이가 선생님께 <u>임사</u>를 합니다.

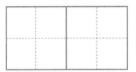

(8) 우리는 내일 <u>소푼</u>을 갑니다.

(9) 나랑 <u>가치</u> 공놀이할래?

(10) 나는 과일을 <u>조아해</u>.

(11) 한강에 다리를 <u>놋습니다</u>.

(12) 호랑이가 사슴을 <u>쪼차가요</u>.

3 받침이 있는 과일 이름

✏️ 다음 그림을 보고 과일 이름을 바르게 쓰세요.

(1) 가

(2) 규

(3) 수 바

(4) 따 기

(5) 차 외

(6) 보 수 아

4 받침이 있는 동물 이름

✏️ 다음 그림을 보고 동물 이름을 바르게 쓰세요.

(1)

마

(2)

표	버

(3)

고	야	이

(4)

다	라	쥐

(5)

호	라	이

(6)

워	수	이

5 흉내 내는 말

✏️ 동물이나 물건 등의 소리나 모양을 나타내는 말을 '흉내 내는 말'이라고 합니다. 다음 동물의 울음소리를 알맞게 찾아 쓰세요.

어흥	맴맴	야옹야옹
짹짹	음매	삐악삐악

(1) 병아리

(2) 송아지

(3) 호랑이

(4) 고양이

(5) 매미

(6) 참새

✏️ **다음 문장의 빈칸에 모양을 흉내 내는 말을 알맞게 찾아 쓰세요.**

(7) 토끼가 숲속으로 ⬜ 뛰어갑니다.

(8) 호랑이가 먹이를 찾아 ⬜ 걸어갑니다.

(9) 거북이가 모래밭을 ⬜ 기어갑니다.

(10) 할머니 머리카락이 ⬜ 꼬였습니다.

(11) 민정이가 글씨를 ⬜ 예쁘게 씁니다.

엉금엉금   폴짝폴짝   또박또박

어슬렁어슬렁   꼬불꼬불

제 6 과 낱말과 친해져요(2)

1 된소리

'ㄱ, ㄷ, ㅂ, ㅅ, ㅈ' 같은 자음을 예사소리라고 합니다. 예사소리보다 힘을 주어서 내는 자음을 '된소리'라고 합니다.

> 된소리 - ㄲ, ㄸ, ㅃ, ㅆ, ㅉ

✏️ 다음 중 된소리가 들어 있는 낱말을 찾아 모두 쓰세요.

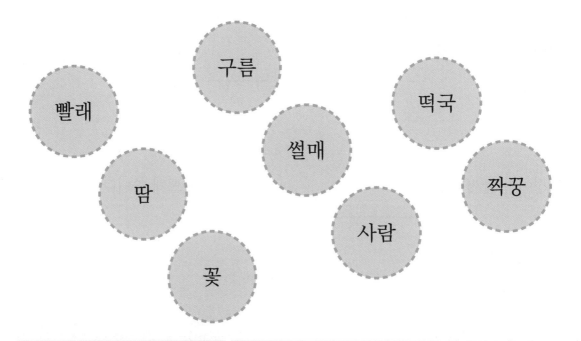

구름

빨래

떡국

썰매

짝꿍

땀

사람

꽃

(1)	된소리가 들어 있는 낱말	

예사소리와 된소리를 비교해 봅시다. 그림을 보고 빈칸에 알맞은 낱말을 쓰세요.

(2)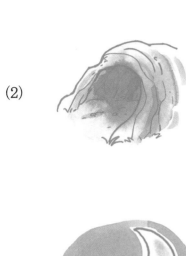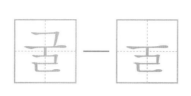

굴 — 꿀

(3)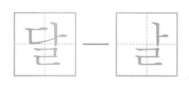

달 — 딸

(4)

불 — 뿔

(5)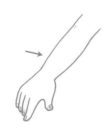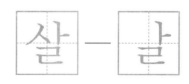

살 — 쌀

(6)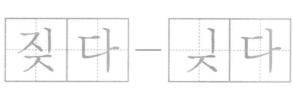

짖다 — 찢다

2 된소리가 들어간 음식 이름

✏️ 다음 그림을 보고 음식 이름을 바르게 쓰세요.

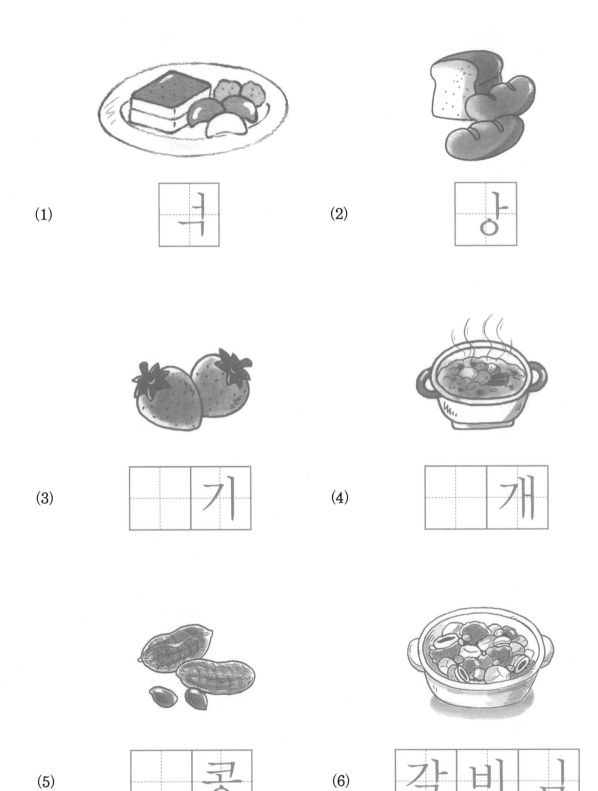

(1) 떡

(2) 빵

(3) □기

(4) □개

(5) □콩

(6) 갈비찜

3 된소리가 들어간 동물 이름

✏️ 다음 그림을 보고 동물 이름을 바르게 쓰세요.

(1) 토

(2) 　치

(3) 코

(4) 베　이

(5) 코

(6) 메

4 다리

 다음 그림을 보고 '다리'가 들어간 낱말을 찾아 쓰세요.

(1) [   ]

(2) [   ]

(3) [   ]

(4) [   ]

사다리   돌다리   굴다리   징검다리

5 무슨 뜻일까요?

✎ 밑줄 친 낱말의 뜻을 찾아 번호를 쓰세요.

(1) 글의 짜임이 잘 이루어져 쉽게 읽었어요.　　　　　　　(　)

　　① 관계있는 여러 부분을 모아서 전체를 만듦.

　　② 말이나 글의 중요한 내용을 간단하게 정리함.

　　③ 글자가 크고 그림이나 사진이 많음.

(2) 우리 마을에 새로 다리를 놓았어요.　　　　　　　　　(　)

　　① 건물 등을 무너뜨려 없앴어요.

　　② 건물 등의 낡거나 부서진 곳을 고쳤어요.

　　③ 어떤 곳에 기계나 장치 등을 설치했어요.

(3) 아이들이 개울에서 물장난을 치고 있어요.　　　　　　(　)

　　① 바닷물과 땅이 서로 닿은 곳이나 그 근처.

　　② 산이나 들에 흐르는 작은 물줄기.

　　③ 넓고 오목하게 파여 물이 고여 있는 곳.

(4) 우리는 언덕에 올라 아래를 내려다보았어요.　　　　　(　)

　　① 조금 높은 나무.

　　② 땅이 비스듬히 기울어져 조금 높은 곳.

　　③ 지붕 위에 평평하게 만든 곳.

6 바르게 쓰기

 바르게 쓴 말에 동그라미 하세요.

(1) ⌈ 애들아 ⌉
　　⌊ 예들아 ⌋ , 놀이터 가서 놀자.

(2) 어머니께서 ⌈ 된장찌개 ⌉
　　　　　　　⌊ 된장찌게 ⌋ 를 맛있게 끓여 주셨다.

(3) ⌈ 그런대 ⌉
　　⌊ 그런데 ⌋ 정훈이는 어디 있어?

(4) 내가 도와줄 ⌈ 태니 ⌉
　　　　　　　 ⌊ 테니 ⌋ 조금만 기다려.

(5) 계단에서는 절대로 뛰면 안 ⌈ 돼 ⌉
　　　　　　　　　　　　　　 ⌊ 되 ⌋ .

7 낱말 만들기

✎ 아래 상자에서 글자가 적혀 있는 공 두 개를 꺼내 낱말을 만들어 보세요. 꺼낸 공은 다시 사용해도 됩니다.

(1)

(2)

(3)

(4)

(5)

(6)

제 **7** 과 여러 가지 낱말을 익혀요(1)

1 몸

✏️ 다음 그림을 보고, 몸 여러 부분의 이름을 쓰세요.

(1) 프
(2) ㄱ ㅅ
(3)
(4) ㅎ ㅂ
(5) ㅁ ㄹ
(6) ㅈ ㅇ

2 손과 발

 다음 그림을 보고, 손과 발 부분의 이름을 쓰세요.

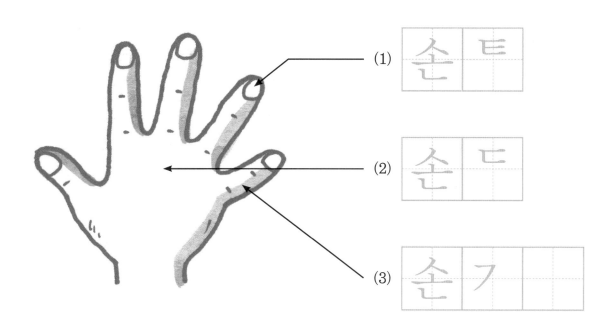

(1) 손 ㅌ

(2) 손 ㄷ

(3) 손 ㄱ

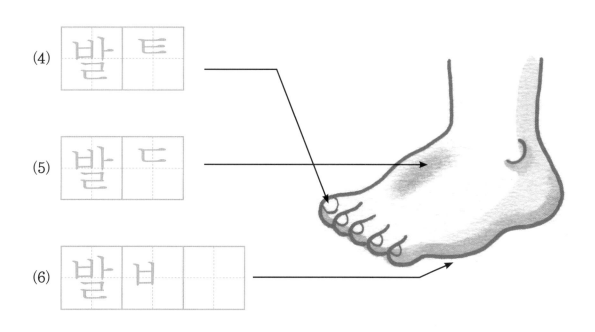

(4) 발 ㅌ

(5) 발 ㄷ

(6) 발 ㅂ

3 가족

✏️ 다음 설명에 알맞은 낱말을 빈칸에 쓰세요.

(1)	자기를 낳아 준 남자.	ㅇ ㅂ

(2)	자기를 낳아 준 여자.	ㅇ ㅁ

(3)	같은 부모에게서 태어난 남자들 사이에서 먼저 태어난 사람.	ㅎ

(4)	같은 부모에게서 태어난 여자들 사이에서 먼저 태어난 사람.	ㅇ

(5)	같은 부모에게서 태어난 남자와 여자 사이에서, 먼저 태어난 여자.	ㄴ

(6)	같은 부모에게서 태어난 사이에서, 나중에 태어난 사람.	ㄷ

4 친척

✏️ 다음 그림과 설명을 보고 빈칸에 알맞은 낱말을 쓰세요.

(1)	아버지와 어머니의 아버지.	
(2)	아버지와 어머니의 어머니.	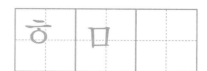
(3)	아버지의 형이나 남동생.	
(4)	아버지의 누나나 여동생.	
(5)	어머니의 언니나 여동생.	

5 몸이 하는 일

✏️ 빈칸에 알맞은 낱말을 넣어 몸의 각 부분이 하는 일을 완성하세요.

(1) 우리는 눈으로 물건을  .

(2)  코로 냄새를 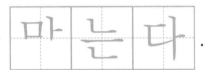 .

(3)  입으로 음식을 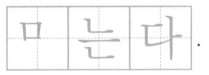 .

(4)  귀로 소리를  .

(5)  손으로 물건을  .

6 무슨 낱말일까요?

 글자 카드를 이용해서 다음 뜻에 알맞은 낱말을 만들어 쓰세요.

(1) 휴식이나 건강을 위해 천천히 걷는 일.

(2) 가까이 사는 집이나 가까이 사는 사람.

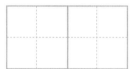

(3) 여러 사람이 휴식이나 놀이 등을 위해 만든 시설.

(4) 마음에 들지 않음.

(5) 총이나 활 등으로 짐승을 잡는 일.

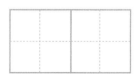

7 우리 학교

 학교 모습입니다. 그림을 보고 번호에 알맞은 이름을 쓰세요.

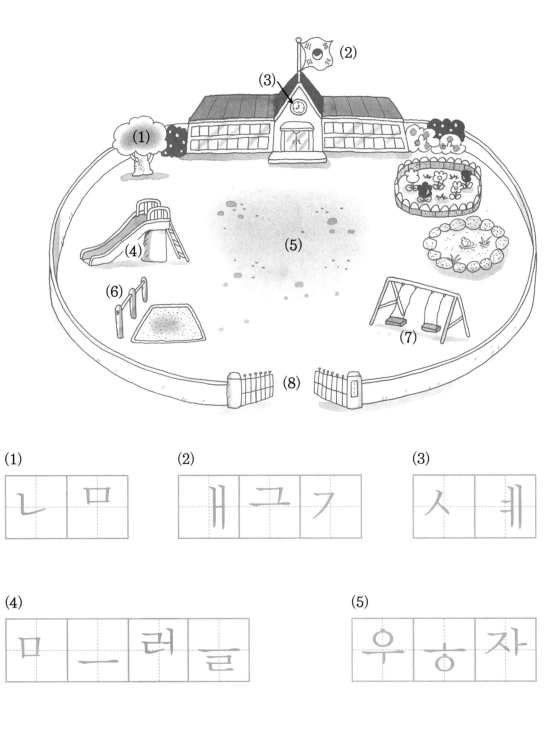

(1)

ㄴ	ㅁ

(2)

ㅐ	ㄱ	ㄱ

(3)

ㅅ	ㅖ

(4)

ㅁ	ㅡ	ㄹㅓ	ㄹ

(5)

우	ㅎ	자

(6)

ㄹㅕ	ㅎ

(7)

ㄱ	

(8)

ㄱ	ㄴ

✏️ **학교에서 볼 수 있는 물건과 사람입니다. 다음 그림에 알맞은 이름을 쓰세요.**

(9)

ㅇ	ㅍ

(10)

ㅅ	ㅅ	ㄴ

(11)

ㄱ	ㄷ

(12)

ㅊ	ㄱ

(13)

ㄱ	ㅊ

(14)

ㅈ	ㄱ

8 교실에서

 수빈이네 반 교실 모습입니다. 번호에 알맞은 낱말을 쓰세요.

(1)

ㅎ	부

(2)

ㄷ	려

(3)

릴	간

(4)

ㅊ

(5)

채	사

(6)

ㅍ	ㅎ

(7)

ㅓ	ㅏ

제 8 과 여러 가지 낱말을 익혀요(2)

1 음식

 다음 설명에 알맞은 낱말을 찾아 빈칸에 쓰세요.

(1)  배추나 무 등에 고춧가루, 마늘 등을 넣어 만든 음식.

(2)  소 여러 부위의 고기를 푹 삶아서 만든 국.

(3)  이탈리아식으로 만든 국수 요리.

(4)  밀가루 반죽 위에 토마토, 치즈 등을 얹어 구운 음식.

스파게티   설렁탕   피자   김치

2 문장 만들기

 그림을 보고 알맞은 말에 동그라미 하세요.

(1) 내가 들고 있는 것은 [꽃입니다 / 삽입니다] .

(2) 꽃이 무척 [예쁩니다 / 뜨겁습니다] .

(3) 나는 지금 꽃을 [먹습니다 / 심습니다] .

✐ **다음 그림을 보고 빈칸에 알맞은 말을 쓰세요.**

(4) 오늘은 현수의 [   ].

(5) 민정이가 [   ] 줍니다.

(6) 진형이가 박수를 [   ].

(7) [   ] 맛있습니다.

(8) 현수는 기분이 [   ].

3 우리 가족

 그림을 보고 알맞은 낱말을 골라 넣어 문장을 완성하세요.

(1) 아버지는 모자를 　　　　　　　　.

(2) 나는 자전거를 　　　　　　　　.

(3) 어머니는 웃으며 손을 　　　　　　　　.

(4) 동생은 같이 가고 싶다고 발을 　　　　　　　　.

| 탑니다 | 씁니다 | 구릅니다 | 흔듭니다 |

4 공을 어떻게 할까요?

 그림을 보고 알맞은 낱말을 골라 쓰세요.

찹니다	칩니다	던집니다	굴립니다

(1)   공을 | | | | | .

(2)   공을 | | | | .

(3)   공을 | | | | | .

(4)   공을 | | | | .

5 이웃

 우리 이웃에는 어떤 곳이 있나요? 빈칸에 알맞은 낱말을 쓰세요.

(1) 학생을 가르치는 곳.

(2) 책을 사고파는 가게.

(3) 돈을 빌리거나 맡기는 곳.

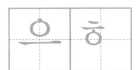

(4) 책, 기록 등을 모아서 볼 수 있게 한 곳.

(5) 옷장, 책상, 의자 등을 파는 곳.

(6) 불을 끄거나 예방하는 일을 하는 곳.

6 무슨 뜻일까요?

✏️ **밑줄 친 낱말의 뜻을 찾아 번호를 쓰세요.**

(1) 영훈이는 집을 <u>나섰다</u>.　　　　　　　　　　(　)

　　① 가려는 곳에 도착했다.

　　② 매우 좋아했다.

　　③ 앞이나 밖으로 나와 섰다.

(2) 민정이는 운동장을 <u>가로질러</u> 학교 건물에 들어갔다.　(　)

　　① 먼 쪽으로 돌아서.

　　② 어떤 곳을 자르듯이 가장 가까운 길로 지나가.

　　③ 열심히 달려.

(3) 1950년 여름에 우리나라에서 전쟁이 <u>일어났다</u>.　(　)

　　① 어떤 일이 생겼다.

　　② 어떤 일이 끝났다.

　　③ 다른 나라로 옮겨졌다.

(4) 우리 집 강아지 밤비가 간식을 <u>삼켰다</u>.　　　(　)

　　① 입에 넣었다.

　　② 입에 넣고 이로 씹었다.

　　③ 입에 넣어서 목구멍으로 넘겼다.

7 바르게 쓰기

 밑줄 친 낱말을 바르게 고쳐 쓰세요.

(1) 비가 내리나 <u>바</u>.

(2) 성은아, 과일 <u>가개</u>에 가서 귤 좀 사오렴.

(3) 형은 매운 음식이 <u>맛있데</u>.

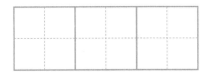

(4) 기린은 <u>길다란</u> 목을 숙여 물을 마셨어요.

(5) <u>사냥군</u>이 사슴에게 화살을 쐈어요.

(6) 먹고 싶은 게 있으면 <u>모든지</u> 말만 해.

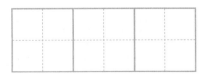

8 학교 가는 길

✏️ 호영이가 학교 가는 길에 보는 것들입니다. 빈칸에 알맞은 낱말을 찾아 쓰세요.

(1)

(2)

(3)

(4)

(5)

(6)

지하도	횡단보도	인도
차도	신호등	육교

반갑게 인사해요(1)

1 어디로 가야 하나요?

✏️ 다음 그림은 무엇인지 쓰고, 어울리는 곳을 선으로 이으세요.

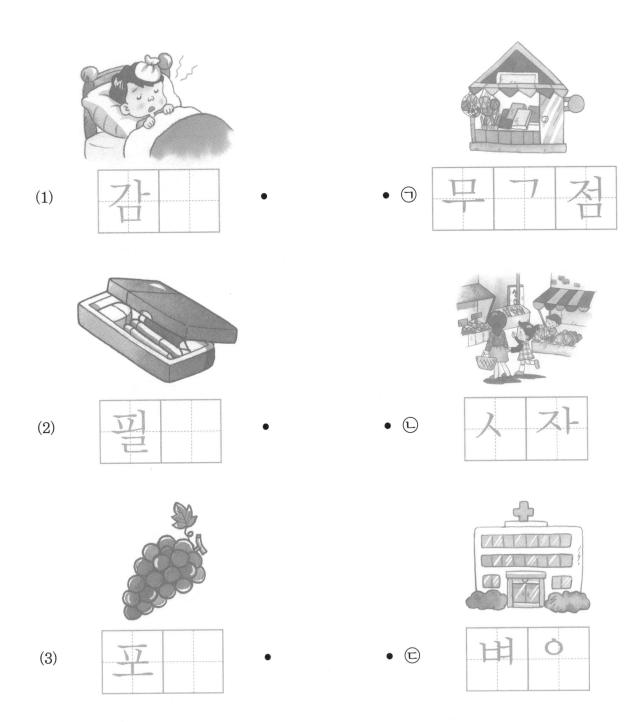

(1) 감 ·   · ㉠ 무ㄱ점

(2) 필 ·   · ㉡ ㅅ자

(3) 포 ·   · ㉢ 벙ㅇ

2 악기

 그림을 보고 빈칸에 악기의 이름을 찾아 쓰세요.

(1)

(2)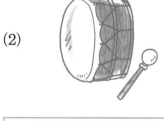

(3)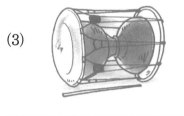

(4)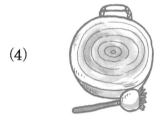

(5)

(6)

장구   북   꽹과리   징   피아노   탬버린

3 알맞은 인사말

✏️ 다음 상황에 알맞은 인사말을 쓰세요.

(1) 학교 수업이 끝나고 엄지와 헤어져요.

엄지야, 잘 [가].

(2) 길을 가다가 은혜를 만났어요.

은혜야, [아]□?

(3) 오늘은 도준이의 생일이에요.

도준아, 생일 [추]□[하]!

(4) 지우개를 갖고 오지 않아 명환이에게 빌려 썼어요.

명환아, 지우개를 빌려줘서 정말 [ㄱ]□[ㅇ].

(5) 복도에서 뛰다가 수찬이와 부딪쳤어요.

수찬아, 괜찮아? 정말 [ㅁ]□[ㅎ].

다음 상황과 어울리는 인사말을 찾아 선으로 이으세요.

(6) • • ㉠ 감사합니다.

(7) • • ㉡ 안녕하세요?

(8) • • ㉢ 잘 먹겠습니다.

(9) • • ㉣ 안녕히 주무세요.

(10)  • • ㉤ 학교 다녀오겠습니다.

4 바르게 읽어요

받침이 있는 글자 뒤에 'ㅇ'으로 시작하는 글자가 오면, 앞 글자의 받침을 뒷말로 자연스럽게 넘겨 읽습니다.

걸음 → [거름]

✏️ 밑줄 친 부분의 소리가 글자와 다른 문장을 찾아 동그라미 하세요.

(1)
　ㄱ 사자는 무섭다. (　　)

　ㄴ 악어는 무섭다. (　　)

(2)
　ㄱ 과일을 먹다. (　　)

　ㄴ 고기를 먹다. (　　)

(3)
　ㄱ 손을 들다. (　　)

　ㄴ 다리를 들다. (　　)

(4)
　ㄱ 허리가 아프다. (　　)

　ㄴ 무릎이 아프다. (　　)

(5)
　ㄱ 모자가 예쁘다. (　　)

　ㄴ 신발이 예쁘다. (　　)

(6)
　ㄱ 꽃이 다양하다. (　　)

　ㄴ 채소가 다양하다. (　　)

밑줄 친 말을 소리 나는 대로 쓰세요.

(7) 준수는 공놀이를 좋아해요.

[   ]

(8) 음악 소리가 매우 커요.

[   ]

(9) 겨울은 날씨가 추워요.

[   ]

(10) 고양이가 잠을 자요.

[   ]

(11) 명주는 용준이와 도서관에 갔어요.

[   ]

5 무슨 낱말일까요?

✏️ 다음 글이 설명하는 낱말을 찾아 쓰세요.

> 정말   모두   깜짝   항상   힘껏

(1) 있는 힘을 다하여.

(2) 거짓이 없이 말 그대로.

(3) 언제나 변함없이.

(4) 하나도 빠짐없이 다.

(5) 갑자기 놀라는 모양.

6 무슨 뜻일까요?

밑줄 친 낱말의 뜻을 찾아 번호를 쓰세요.

(1) 보라는 <u>등굣길</u>에 선생님을 만났어요.　　　　　(　　)

　① 학교 수업이 끝나고 집으로 가는 길.

　② 학교로 가는 길.

　③ 산을 오르는 길.

(2) 형민이는 <u>언제나</u> 친절해요.　　　　　　　　　　(　　)

　① 한참 지나서 한 번씩.

　② 짧은 시간을 두고 자주.

　③ 어느 때에나 변함없이.

(3) <u>하마터면</u> 넘어질 뻔했어요.　　　　　　　　　(　　)

　① 하마를 만났으면.

　② 조금만 더 빠르게 달렸으면.

　③ 조금만 잘못하였더라면.

(4) 사슴이 사자를 보고 <u>도망갔어요.</u>　　　　　　　(　　)

　① 잡히지 않으려고 달아났어요.

　② 반갑게 인사했어요.

　③ 화를 냈어요.

1 시계

 다음 그림은 무엇인지 쓰고, 어울리는 낱말을 선으로 이은 뒤 따라 쓰세요.

(1)  ·   · ㉠

(2)  ·   · ㉡

(3)  ·   · ㉢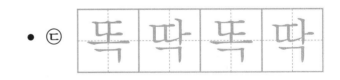

2 어서 와

✎ **다음 인사말을 쓰는 상황을 찾아 번호를 쓰세요.**

(1) 어서 와.   (   )

    ① 친구와 길에서 만났을 때.

    ② 아버지께서 집에 들어오셨을 때.

    ③ 친구가 집에 놀러 왔을 때.

(2) 축하드려요.   (   )

    ① 할머니 생신 때.

    ② 친구 생일 때.

    ③ 친구에게 선물을 받았을 때.

(3) 안녕히 주무셨어요?   (   )

    ① 학교에 다녀왔을 때.

    ② 저녁에 잠을 잘 때.

    ③ 아침에 잠에서 깼을 때.

(4) 내일 봐.   (   )

    ① 친구가 도와줬을 때.

    ② 친구와 헤어질 때.

    ③ 친구에게 잘못했을 때.

3 소리 나는 대로 쓰기

✎ 다음 문장을 소리 나는 대로 쓰세요.

(1) 바람이 불어요.

[   ]

(2) 밥을 먹어요.

[   ]

(3) 강아지들이 짖어요.

[   ]

(4) 하늘에서 눈이 내려요.

[   ]

(5) 음악을 들어요.

[   ]

4 반대말

✏️ 다음 낱말의 반대말을 찾아 쓰세요.

> 약하다   가늘다   아랫집   등굣길   깊다

(1) 굵다 ⟷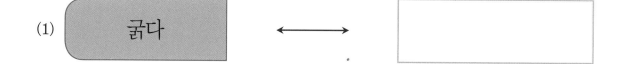

(2) 윗집 ⟷

(3) 하굣길 ⟷

(4) 강하다 ⟷

(5) 얕다 ⟷

5 무슨 낱말일까요?

 그림을 보고 알맞은 낱말을 쓰세요.

(1)

나

(2)

다

(3)

가

(4)

붓

(5)

아

(6)

못

다음 설명에 알맞은 낱말을 쓰세요.

(7)  : 잘한 일에 대하여 칭찬하는 글을 적은 종이.

(8)  : 서서 두 발을 번갈아 옮겨 놓는 동작.

(9) 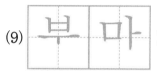 : 마음에 들지 않아 만족스럽지 않음.

(10) : 잠자는 동안 여러 가지를 보고 듣는 정신 현상.

(11)  : '생일'을 높여 부르는 말.

(12) 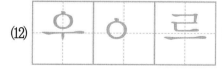 : 나이가 자기보다 많아서 예의를 지켜야 하는 어른.

6 무엇을 하나요?

 다음 글의 끝부분에 어울리는 낱말을 쓰세요.

(1) 명준이가 인사를  .

(2) 태호가 낮잠을  .

(3) 우현이가 길을  .

(4) 찬호가 운동장을 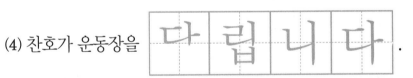 .

(5) 예은이가 상을  .

(6) 연우가 쓰레기를  .

7 바르게 쓰기

 바르게 쓴 낱말에 동그라미 하세요.

(1) 꿈을 ⌈ 껐어요 ⌋ .
　　　 ⌊ 꿨어요 ⌋

(2) 수빈아, 엄마 ⌈ 이운집 ⌋ 에 얼른 다녀올게.
　　　　　　　　 ⌊ 이웃집 ⌋

(3) ⌈ 부지런히 ⌋ 학교 갈 준비를 해요.
　　 ⌊ 부지런이 ⌋

(4) 현호는 겁이 나서 한 ⌈ 발짝 ⌋ 도 움직일 수 없었어요.
　　　　　　　　　　　　 ⌊ 발작 ⌋

(5) 윤하는 걷다가 넘어질 ⌈ 번했어요 ⌋ .
　　　　　　　　　　　　 ⌊ 뻔했어요 ⌋

제**11**과 또박또박 읽어요(1)

1 동물나라 이야기

 다음 문장의 마지막 낱말을 바르게 고쳐 쓰세요.

(1) 토끼가 당근을 <u>먹슴니다</u>.

(2) 곰이 나무를 <u>흔듭니다</u>.

(3) 참새가 하늘을 <u>나라갑니다</u>.

(4) 두루미는 부리가 <u>깁니다</u>.

2 취미

 다음은 취미를 나타낸 그림입니다. 그림을 보고 알맞은 낱말을 쓰세요.

(1)

자		
타기

(2)

		기

(3)

		노
치기

(4)

여
날리기

(5)

	구

(6)

그	
그리기

3 문장 부호

부호	이름	언제 쓸까요?	어디에 쓸까요?
,	쉼표	부르는 말이나 대답하는 말 뒤에 씁니다.	네모 칸 왼쪽 아래에 씁니다.
.	마침표	설명하는 문장 끝에 씁니다.	
?	물음표	묻는 문장 끝에 씁니다.	네모 칸 가운데에 씁니다.
!	느낌표	느낌을 나타내는 문장 끝에 씁니다.	

✏️ **문장 부호를 바르게 따라 쓰세요.**

쉼표

마침표

물음표

느낌표

다음 편지를 읽고 잘못된 문장 부호를 바르게 고쳐 쓰세요.

할아버지께

할아버지, 안녕하세요?

저 형규예요? 그동안 건강하게 잘 지내셨어요, 다음 주 토요일에 할아버지 댁에 갈게요. 빨리 할아버지를 보고 싶어요.
(1)   (2)

10월 1일

손자 형규 올림

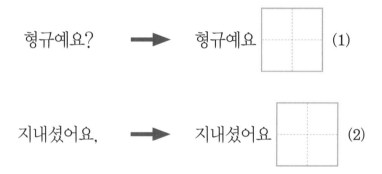

형규예요? ➡ 형규예요 ☐ (1)

지내셨어요, ➡ 지내셨어요 ☐ (2)

다음은 할아버지께서 쓰신 답장입니다. 빈칸에 알맞은 문장 부호를 쓰세요.

형규에게

형규야, 잘 있었니 ☐ (3)

할아버지도 형규를 빨리 보고 싶구나 ☐ (4)

이번에 오면 마당에서 우리 형규가 좋아하는 고기도 구워 주고 ☐ (5)

감나무에서 맛있는 감도 따 줄게 ☐ (6)

10월 10일

할아버지가

4 띄어 읽기

문장 안에서는 이렇게 띄어 읽습니다.

1. 쉼표 뒤에는 ∨ (쐐기표)를 하고 조금 쉬어 읽습니다.
2. 마침표, 느낌표, 물음표 뒤에는 ∨∨ (겹쐐기표)를 하고 조금 더 쉬어 읽습니다.
3. 글이 끝나는 곳에는 ∨∨ 를 하지 않습니다.

✎ 문장 부호가 있는 곳에 ∨ (쐐기표)나 ∨∨ (겹쐐기표)를 넣고 읽어 보세요.

(1) 개미는 부지런히 물,   음식을 모았습니다.

(2) "도와줘서 고마워.   너는 정말 착한 친구야."

(3) '헤헤,   맛있겠다.   민지랑 같이 먹어야지.'

(4) "형준아,   내일 아빠랑 같이 축구할까?"

"네,   좋아요!   근데 재훈이도 같이 하면 안 될까요?"

문장 부호 뒤에 ∨ (쐐기표)나 ∨∨ (겹쐐기표)를 넣고 띄어 읽으세요.

이 봐, ☐ 세상에서 누가 가장 힘이 센 줄 알아? ☐

누군데? ☐

바로 나, ☐ 바람이야! ☐

정말 그럴까? ☐

그럼 내가 저 사람 외투를 한번 벗겨 볼까? ☐

좋아, ☐ 정말 재밌겠군! ☐

어? ☐ 왜 이렇게 갑자기 날씨가 춥지? ☐

후후! ☐ 훅! ☐ 후후! ☐ 어휴, ☐ 추워!

5 반대말

 (1) ~ (5)를 따라 쓰고, ㉠ ~ ㉤에 반대말을 완성한 뒤 선으로 이으세요.

(1) 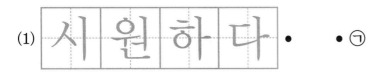 • • ㉠

(2)  • • ㉡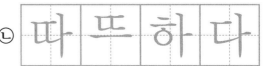

(3)  • • ㉢

(4)  • • ㉣

(5)  • • ㉤

6 꾸며 주는 말

✏️ 다음 문장에 어울리는 낱말을 골라 쓰세요.

(1) 아이가 [   ] 웃어요.

(2) 동생이 [   ] 굴러요.

(3) 나뭇잎이 바람에 [   ] 흔들려요.

(4) 누나는 눈에 약을 넣고 눈꺼풀을 [   ] 움직였어요.

| 키득키득 | 깜빡깜빡 | 팔랑팔랑 | 뒹굴뒹굴 |

제 **12** 과　또박또박 읽어요(2)

1 나무꾼

> 나무꾼 ：나무를 베거나 줍는 일을 하는 사람.

 다음 설명을 읽고, '–꾼'이 들어간 사람을 쓰세요.

(1) 무기를 들고 짐승을 잡는 일을 하는 사람.

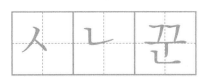

(2) 논이나 밭에 씨를 심고 식물을 길러 곡식이나 채소 등을 얻는 일을 하는 사람.

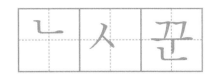

(3) 여러 가지 도구로 물고기를 잡는 일을 하는 사람.

2 바르게 쓰기

 다음 문장을 읽고 바르게 쓴 낱말에 동그라미 하세요.

(1) 나는 (납작한, 납짝한) 그릇에 음식을 담았어요.

(2) 우리 가족은 내일 할아버지 (댁, 덱)에 가요.

(3) 코끼리를 가까이서 보니 (진자, 진짜) 신기했어요.

(4) 바람이 불어 나무가 (쓸어졌어요, 쓰러졌어요).

(5) 준서는 (메일, 매일) 운동을 해요.

(6) 내 친구 윤지는 (꾀, 꽤)가 많아요.

(7) 민정이는 유진이를 생일잔치에 (초데, 초대)했어요.

3 무슨 낱말일까요?

 다음 설명에 알맞은 낱말을 골라 쓰세요.

(1) 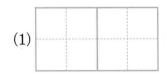 : 연필이나 지우개 등을 넣는 작은 통.

(2) 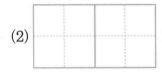 : 주로 학교에서, 학생이 선생님의 가르침을 받는 일.

(3)  : 새의 길고 뾰족한 입.

(4)  : 음식을 담는 얇고 납작한 그릇.

(5) 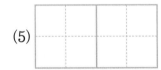 : 집 주변에 평평하게 만들어 놓은 땅.

마당   부리   수업   필통   접시

---

(6)

: 어떤 것을 완전하게 만들다.

(7)

: 뜻밖의 일이나 무서움에 가슴이 두근거리다.

(8)

: 어떤 것이 마음에 들어 관심을 가지고 보다.

(9)

: 어떤 것을 찾거나 보기 위해 고개나 몸을 자꾸 이쪽저쪽으로 움직이다.

(10)

: 한쪽으로 넘어지거나 무너져 바닥에 닿게 되다.

구경하다   놀라다   쓰러지다
완성하다   기웃거리다

4 반대말

 (1) ~ (6)을 따라 쓰고, ㉠ ~ ㉣에 반대말을 완성한 뒤 선으로 이으세요.

(1)  •

• ㉠

(2) 정말 •

• ㉡

(3) 묻다 •

• ㉢

(4)  •

• ㉣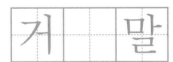

(5) 올라가다 •

• ㉤

(6) 춥다 •

• ㉥

5 단위

 그림을 보고 알맞은 단위를 골라 쓰세요.

(1)

빵 세

(2)

강아지 한

(3)

나무 한

(4)

책 세

(5)

친구 두

(6)

꽃 두

그루   명   개   마리   송이   권

6 국어 공책 쓰기

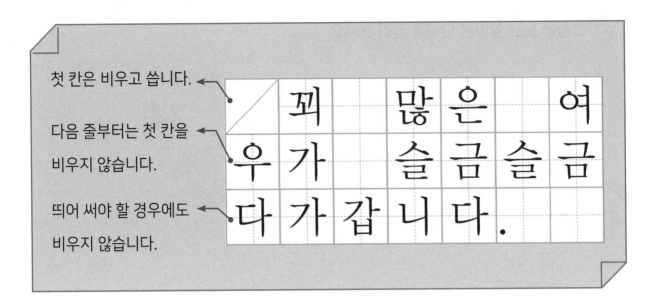

첫 칸은 비우고 씁니다.

다음 줄부터는 첫 칸을 비우지 않습니다.

띄어 써야 할 경우에도 비우지 않습니다.

다음 문장들을 국어 공책에 옮겨 쓰세요.

(1) 원숭이가 줄넘기를 합니다.

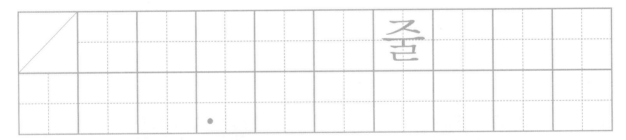

(2) 연필과 지우개를 필통에 넣었어요.

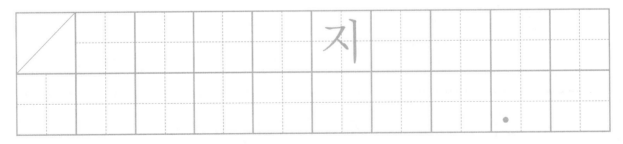

(3) 아기가 엉엉 소리 내어 울어요.

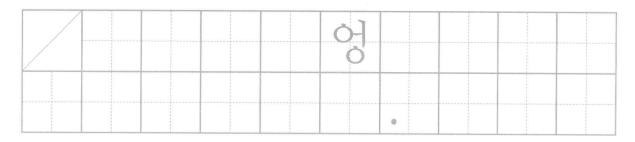

(4) 학교 수업이 끝나고 축구를 했어요.

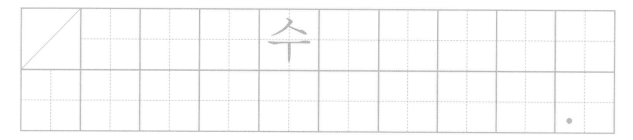

(5) 바람이 불어 감이 떨어졌어요.

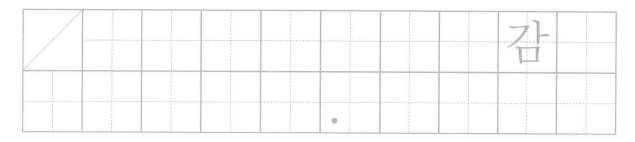

(6) 여우야, 나를 저녁 식사에 초대해 줘서 정말 고마워!

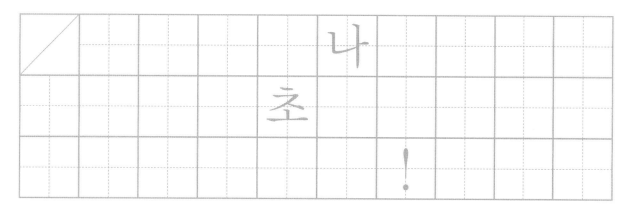

제 **13** 과 알맞은 낱말을 찾아요(1)

1 요일

✏️ **빈칸에 요일을 나타내는 말을 쓰세요.**

(1) 주말이 지나면 ☐☐ 요일에 학교에 가요.

(2) 월요일을 기준으로, 한 주의 둘째 날이 ☐☐ 요일이에요.

(3) 한 주의 셋째 날이 ☐☐ 요일이에요.

(4) 한 주의 넷째 날이 ☐☐ 요일이에요.

(5) 한 주의 다섯째 날이 ☐☐ 요일이에요.

(6) 한 주의 여섯째 날이 ☐☐ 요일이에요.

(7) 한 주의 일곱째 날이 ☐☐ 요일이에요.

2 숫자 세기

 빈칸에 숫자를 나타내는 말을 쓰세요.

(1)

	나

(2)

두

(3)

세

(4)

네

(5)

	섯

(6)

	섯

(7)

	곱

(8)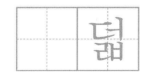

	덟

(9)

	홉

(10)

여	

3 된소리가 들어가는 낱말

 된소리를 넣어 그림에 알맞은 낱말을 만드세요.

(1) 꽃

(2) 딸기

(3) 빵

(4) 씨름

(5) 팔찌

(6) 뿔

4 쌍받침

'묶', '갔'의 받침 'ㄲ'과 'ㅆ'과 같이 자음자가 겹쳐서 된 받침을 쌍받침이라고
합니다. 쌍받침 'ㄲ'과 'ㅆ'은 각각 받침 'ㄱ', 'ㅅ'과 소리가 같습니다.

✎ 쌍받침을 넣어 문장을 완성하세요.

(1) 홍식이가 이를 ┃ 다 ┃ 습 ┃ 니 ┃ 다 ┃ .

(2) 경수는 학교에 ┃ 가 ┃ 습 ┃ 니 ┃ 다 ┃ .

(3) 자영이는 시장에서 과일을 ┃ 사 ┃ 습 ┃ 니 ┃ 다 ┃ .

(4) 태수가 ┃ 보 ┃ 음 ┃ 밥 ┃ 을 먹습니다.

(5) 민석이는 강에서 할아버지와 ┃ 나 ┃ 시 ┃ 를 했습니다.

5 원숭이 친구들

 그림을 보고 빈칸에 어울리는 말을 찾아 쓰세요.

(1) 장난꾸러기 원숭이가 나뭇가지에 ⬚⬚⬚ 감았습니다.

(2) 욕심꾸러기 원숭이가 ⬚⬚⬚ 먹습니다.

(3) 심술꾸러기 원숭이가 방귀를 ⬚⬚ .

(4) 잠꾸러기 원숭이가 낮잠을 ⬚⬚⬚ .

| 사과를 | 꼬리를 | 잡니다 | 뀝니다 |

6 반대말

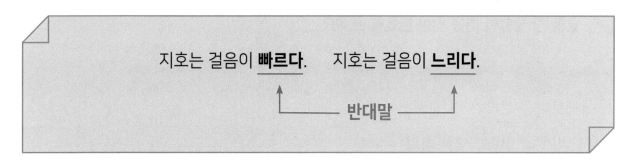

지호는 걸음이 **빠르다**.   지호는 걸음이 **느리다**.

반대말

✏️ 그림을 보고 서로 반대인 말을 쓰세요.

(1)

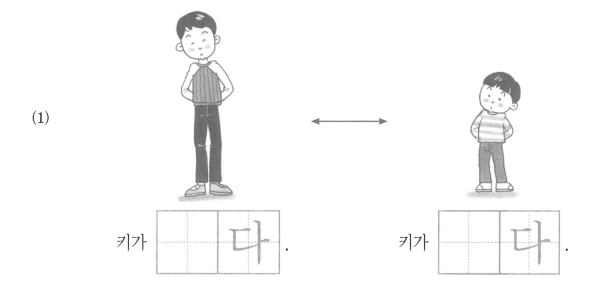

키가 ☐ 다.   키가 ☐ 다.

(2)

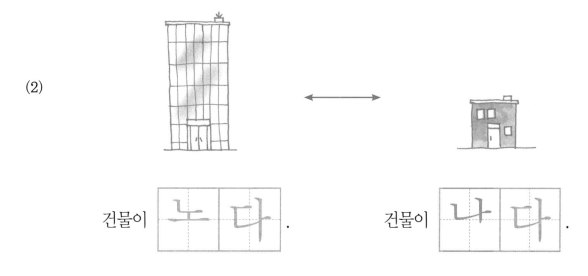

건물이 ｜ 노 ｜ 다 ｜.   건물이 ｜ 나 ｜ 다 ｜.

7 무슨 뜻일까요?

✏️ 밑줄 친 낱말의 뜻을 찾아 번호를 쓰세요.

(1) 어제보다 눈보라가 더 심해졌어요.　　　　　　　　　(　)

　① 비가 내리면서 부는 바람.

　② 비가 섞여 내리는 눈.

　③ 센 바람과 함께 휘몰아치는 눈.

(2) 수민이는 산의 아름다운 모습에 반했어요.　　　　　　(　)

　① 어떤 것이 마음에 들어 끌렸어요.

　② 어떤 것이 마음에 들지 않았어요.

　③ 어떤 것 때문에 화가 많이 났어요.

(3) 용진이는 풀을 헤치며 나아갔어요.　　　　　　　　　(　)

　① 앞에 있는 것을 피하며.

　② 앞에 있는 것을 구경하며.

　③ 앞에 있는 것을 좌우로 물리치며.

(4) 재윤이는 밤늦게까지 독서에 빠져서 늦잠을 잤어요.　(　)

　① 어떤 일을 하기로 약속해서.

　② 어떤 일에 마음을 빼앗겨서.

　③ 어떤 일을 어쩔 수 없이 해야 해서.

8 바르게 쓰기

✎ **밑줄 친 낱말을 바르게 고쳐 쓰세요.**

(1) 시장에서 산 <u>곧감</u>이 정말 맛있어요.

(2) 토끼가 귀를 <u>쫑근</u> 세웠어요.

(3) 병준이는 <u>옷거리</u>에 옷을 걸었어요.

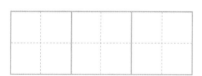

(4) 재현이는 밥을 먹기 전에 손을 <u>싯었어요</u>.

(5) 준서가 가방에 책을 <u>너었어요</u>.

(6) 어머니가 오자 아기는 울음을 뚝 <u>그쳤어요</u>.

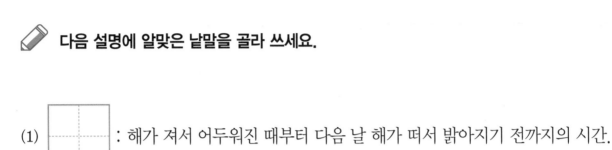

1 시간

✏️ **다음 설명에 알맞은 낱말을 골라 쓰세요.**

(1) ☐ : 해가 져서 어두워진 때부터 다음 날 해가 떠서 밝아지기 전까지의 시간.

(2) ☐ : 해가 떠서 밝아진 때부터 해가 져서 어두워진 때까지의 시간.

(3) ☐ : 밤 열두 시부터 낮 열두 시까지의 시간.

(4) ☐ : 낮 열두 시부터 밤 열두 시까지의 시간.

```
낮      밤      오전      오후
```

2 장소

 다음 설명에 알맞은 낱말을 골라 쓰세요.

(1)  : 나무가 자라서 가득 차 있는 곳.

(2)  : 주변보다 땅이 높게 솟아 있는 곳.

(3) 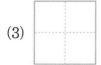 : 곡식이나 채소를 심고 가꾸는 곳.

(4)  : 다양한 책을 모아 두고 사람들이 볼 수 있도록 만든 곳.

(5)  : 아이들이 모여서 놀 수 있도록 여러 시설을 만들어 놓은 곳.

산	숲	밭	놀이터	도서관

3 포함하는 말, 포함되는 말

✏️ 다음 문장에 어울리는 낱말을 골라 쓰세요.

(1) 체육복, 내복, ☐☐ 등은 옷이에요.

(2) 자전거, 비행기, ☐☐ 등은 교통수단이에요.

(3) 고양이, 곰, ☐☐ 등은 ☐☐ 이에요.

(4) 감, 복숭아, ☐☐ 등은 ☐☐ 이에요.

(5) 떡볶이, 볶음밥, ☐☐ 등은 ☐☐ 이에요.

> 사자   과일   음식   동물
>
> 기차   한복   사과   떡국

4 무엇을 하나요?

 다음 글의 끝부분에 어울리는 낱말을 쓰세요.

(1) 문식이는 피아노를  .

(2) 경호는 모자를  .

(3) 호영이는 연을  .

(4) 혜영이가 춤을 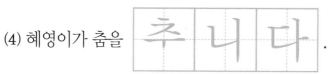 .

(5) 윤수가 리본을  .

(6) 민주가 노래를 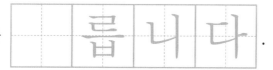 .

5 무슨 낱말일까요?

✏️ 다음 글이 설명하는 낱말을 찾아 쓰세요.

| 냄비 | 여행 | 안경 | 산책 | 물통 |

(1) 물을 담아 두는 통.

(2) 휴식이나 건강을 위해 천천히 걷는 일.

(3) 음식을 끓이는 데에 쓰는, 뚜껑과 손잡이가 있는 물건.

(4) 잘 보이게 하거나 눈을 보호하기 위해 쓰는 물건.

(5) 집을 떠나 이곳저곳을 구경하며 돌아다니는 일.

(6)  : 어린이를 위하여  을 많이 넣은 책.

(7)  : 여러 가지 재료를 이용하여  을 만드는 일.

(8) : 꿀벌이 에서 가져다가 벌집 속에 모으는, 달고 끈끈한 것.

(9) : 일을 잘 해 나가는  .

(10)  : 병균이나 먼지 등을 막기 위해 입이나  를 가리는 데에 쓰는 물건.

6 어디에 있나요?

 그림을 보고, 빈칸에 알맞은 낱말을 찾아 넣어 문장을 완성하세요.

(1) 축구공은 상자 [   ] 에 있어요.

(2) 인형은 상자 [   ] 에 있어요.

(3) 신발은 의자 [   ] 에 있어요.

(4) 모자는 의자 [   ] 에 있어요.

| 안 | 밖 | 위 | 아래 |

(5) 필통 안에는 [　　　　　　　] 있어요.

(6) 필통 밖에는 [　　　　　　　] 있어요.

(7) 책상 위에는 [　　　　　　　] 있어요.

(8) 책상 아래에는 [　　　　　　　] 있어요.

(9) 책상 옆에는 [　　　　　　　] 있어요.

책이　　　　가방이　　　　연필이　　　　의자가　　　　지우개가

7 국어 공책 쓰기

 다음 문장들을 국어 공책에 옮겨 쓰세요.

(1) 생일 축하해!

(2) 기침을 해서 목이 아파요.

(3) 이 숲에서 나보다 빠른 동물은 없어.

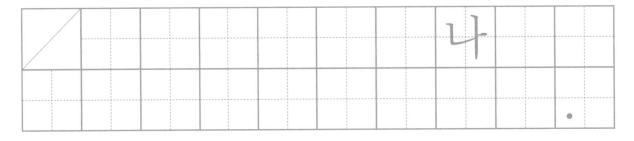

(4) 여름에 미리 음식을 모아 두었다면 얼마나 좋았을까?

★ ★ ★ ★
4차 개정판

어린이

훈민정음

기초 문법

띄어쓰기

발음

1-1

맞춤법

어린이 훈민정음 **1-1**

정답과 해설

본 교재는 어휘력 향상을 위해 만들었지만, 문장 하나하나도 학습에 도움이 되도록 정성을 기울였습니다. 그러므로 교재에 나오는 예시 문장을 자세히 살펴 문장 학습을 하는 데에 이용하시기 바랍니다.

본 교재는 어휘력은 물론, 맞춤법과 발음, 띄어쓰기, 기초 문법, 원고지 사용법 등을 함께 다루고 있습니다.

제1과 글자를 만들어요(1)　　　5쪽

1.(1) ㅑ, ㅡ, ㅜ, ㅏ
 (2) ㄹ, ㅈ, ㅎ, ㅅ, ㄱ

2.(1) 나비
 (2) 야구
 (3) 거미
 (4) 혀
 (5) 포도
 (6) 요리사
 (7) 나무
 (8) 우유
 (9) 그네
 (10) 비누
 (11) 의자
 (12) 가위

> 기본 모음은 '하늘(ㆍ), 땅(ㅡ), 사람(ㅣ)'의 모습을 본떠서 만들었다. 그다음, 기본 모음을 합쳐서 다른 모음을 만들었다.
>
> ㅣ + ㆍ → ㅏ　　ㆍ + ㅣ → ㅓ
> ㆍ + ㅡ → ㅗ　　ㅡ + ㆍ → ㅜ

3.(1) 바나나, 소나무
 (2) 어머니, 주머니
 (3) 오이, 오리

 (4) 우리, 우유
 (5) 고래, 노래
 (6) 개미, 거미

4.(1) 무
 (2) 파
 (3) 오이
 (4) 도라지
 (5) 가지
 (6) 고구마

5.(1) 개미
 (2) 코끼리
 (3) 나비
 (4) 다리
 (5) 토끼
 (6) 너구리
 (7) 모기
 (8) 바나나
 (9) 피리
 (10) 주머니
 (11) 기차
 (12) 하마

> 기본 자음(ㄱ, ㄴ, ㅁ, ㅅ, ㅇ)은 발음 기관의 모습을 본떠서 만들었다. 그다음, 기본 자음에 획(선)을 추가하여 나머지 글자를 만들었다.
>
> ㄱ → ㅋ / ㄴ → ㄷ → ㅌ / ㅁ → ㅂ → ㅍ
> ㅅ → ㅈ → ㅊ / ㅇ → ㅎ

6. (1) 바지, 바다

   (2) 사자, 사과

   (3) 가지, 가방

   (4) 파리, 파도

   (5) 지우개, 무지개

   (6) 토마토, 토끼

7. (1) 하마

   (2) 노루

   (3) 타조

   (4) 사자

   (5) 토끼

   (6) 여우

제2과 글자를 만들어요(2)　　14쪽

1. (1) 소

   (2) 여우

> 한글은 자음자와 모음자를 쓸 때, 상하좌우 어디에 위치하느냐에 따라 그 모양이 조금씩 달라진다.
> 따라서 본 교재에 나오는 자음자, 모음자 쓰기 문제를 풀 때에나 글씨 쓰기 연습을 할 때에는 자음자와 모음자의 위치에 따라 어울리게 쓴다.

2. (1) 게

   (2) 조개

   (3) 새우

   (4) 소라

   (5) 가재

   (6) 고래

3. (1) 코, 나

   (2) 누나, 요리

   (3) 고구마, 지우개

> 소리마디는 다른 말로 '음절'이라고 한다.

4. (1) 배

   (2) 사과, 포도, 자두

   (3) 바나나, 토마토

5. (1) 내일

   (2) 그네

   (3) 애기

   (4) 예쁘다

   (5) 외할머니

   (6) 돼지

   (7) 의사

   (8) 가위

6. (1) 머리

   (2) 이마

   (3) 귀

   (4) 코

   (5) 이

   (6) 혀

7. (1) – ㄷ

   (2) – ㄱ

   (3) – ㄹ

   (4) – ㄴ

8. (1) 무지개

제3과 받침이 있는 글자를 읽어요(1) 22쪽

1.(1) 사 → 산
  (2) 오 → 옷

2.(1) 입
  (2) 뱀
  (3) 파
  (4) 사자
  (5) 콩

3.(1) 풀
  (2) 윷
  (3) 숲
  (4) 솥
  (5) 책
  (6) 빗
  (7) 연필
  (8) 부엌
  (9) 곶감
  (10) 공책
  (11) 하얗다
  (12) 선생님

4.(1) 집
  (2) 문
  (3) 벌
  (4) 창
  (5) 팔
  (6) 발
  (7) 별
  (8) 꽃
  (9) 손수건
  (10) 줄넘기
  (11) 솜사탕
  (12) 책꽂이

5.(1) 코끼리
  (2) 얼룩말
  (3) 원숭이
  (4) 토끼
  (5) 기린
  (6) 하마

6.(1) 숟가락
  (2) 젓가락
  (3) 국물
  (4) 그릇
  (5) 반찬

제4과 받침이 있는 글자를 읽어요(2) 30쪽

1.(1) 의자
  (2) 허리
  (3) 손
  (4) 눈

2.(1) 공책
  (2) 고개
  (3) 턱
  (4) 손

3.(1) ① 동동, ② 둥둥
  (2) ① 퐁당, ② 풍덩
  (3) ① 꼴깍, ② 꿀꺽

'ㅏ', 'ㅗ'와 같은 모음을 '양성 모음'이라고 한다. 양성 모음은 작고 밝고 산뜻한 느낌을 준다.
 • 양성 모음의 종류: ㅏ, ㅗ, ㅑ, ㅛ, ㅘ, ㅚ, ㅐ

'ㅓ', 'ㅜ'와 같은 모음을 '음성 모음'이라고 한다. 음성 모음은 크고 어두운 느낌을 준다.
 • 음성 모음의 종류: ㅓ, ㅜ, ㅕ, ㅠ, ㅔ, ㅝ, ㅟ, ㅖ

4. (1) 상장

(2) 발표

(3) 못물

(4) 화분

(5) 너비

5. (1) ③

(2) ②

(3) ①

(4) ②

문제의 오답 풀이
(2) ① 허겁지겁
(3) ② 설렁설렁, ③ 새겨
(4) ① 더듬더듬, ③ 우물쭈물

6. (1) 눈

(2) 목소리

(3) 허리

(4) 다리

7. (1) 허리

(2) 손

(3) 다리

(4) 말

8. (1) 조개

(2) 채소

(3) 노래

(4) 숙제

(5) 제비

(6) 베개

(7) 펭귄

(8) 메뚜기

(9) 쓰레기

(10) 김치찌개

제5과 낱말과 친해져요(1)　　38쪽

1.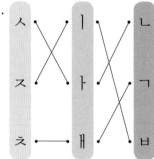

(1) 산

(2) 책

(3) 집

(4) － ㉢ 공

(5) － ㉣ 턱

(6) － ㉠ 발

(7) － ㉡ 문

2. (1) 친구

(2) 바람

(3) 구름

(4) 학교

(5) 과학

(6) 안경

(7) 인사

(8) 소풍

(9) 같이

(10) 좋아해

(11) 놓습니다

(12) 쫓아가요

3. (1) 감

(2) 귤

(3) 수박

(4) 딸기

(5) 참외

(6) 복숭아

좁은 의미에서, 과일은 '나무의 열매'다. 하지만 과일의 넓은 의미는 '사람이 먹는 열매'다. 여기에서는 과일의 넓은 의미로 썼다.

국립 국어원에서 제공하는 표준국어대사전에서도, 과일의 예로 '사과, 배, 포도, 귤, 감, 바나나, 밤 등'을 다루고 있다. 여기서 '바나나'도 나무가 아니라, 풀에서 자라는 열매다.

4. (1) 말
   (2) 표범
   (3) 고양이
   (4) 다람쥐
   (5) 호랑이
   (6) 원숭이

5. (1) 삐악삐악
   (2) 음매
   (3) 어흥
   (4) 야옹야옹
   (5) 맴맴
   (6) 짹짹
   (7) 폴짝폴짝
   (8) 어슬렁어슬렁
   (9) 엉금엉금
   (10) 꼬불꼬불
   (11) 또박또박

제6과 낱말과 친해져요(2)   46쪽

1. (1) 빨래, 땀, 꽃, 썰매, 떡국, 짝꿍
   (2) 굴 – 꿀
   (3) 달 – 딸
   (4) 불 – 뿔
   (5) 살 – 쌀
   (6) 짓다 – 찢다

글자를 소리 내어 읽어 예사소리와 된소리가 어떻게 다른지 비교한다.

2. (1) 떡
   (2) 빵
   (3) 딸기
   (4) 찌개
   (5) 땅콩
   (6) 갈비찜

3. (1) 토끼
   (2) 까치
   (3) 코뿔소
   (4) 베짱이
   (5) 코끼리
   (6) 메뚜기

4. (1) 돌다리
   (2) 징검다리
   (3) 사다리
   (4) 굴다리

5. (1) ①
   (2) ③
   (3) ②
   (4) ②

문제의 오답 풀이
(1) ② 요약
(2) ① 철거했어요, ② 보수했어요
(3) ① 바닷가, ③ 못
(4) ③ 옥상

6. (1) 얘들아
   (2) 된장찌개
   (3) 그런데

(4) 테니

(5) 돼

(3) 형

(4) 언니

(5) 누나

(6) 동생

> (1) '얘들아'의 '얘'는 '이 아이'의 준말이다. 즉 '얘들아'는 '이 아이들아'와 같다.
> (4) '테니'는 '터이니'의 준말이다.
> (5) '돼'는 '되어'의 준말이다. '돼'와 '되'의 쓰임이 헷갈릴 때가 있지만, 문장의 끝에는 '돼'를 쓴다.

4. (1) 할아버지

(2) 할머니

(3) 삼촌

(4) 고모

(5) 이모

7. (1) ~ (6) 가위, 가름, 가지, 가구, 위기, 이름, 이기, 지위, 지름, 지구, 지기, 구가, 구위, 구이, 구름, 구기, 기이, 기름, 기지, 기구 등

> 예시 답에 제시된 낱말 이외에 다른 낱말(예를 들어 친구나 연예인 이름 들)을 쓸 수 있다. 이러한 때에는 적절히 판단해서 채점한다.

> 할아버지 가운데, 아버지의 아버지는 '친할아버지', 어머니의 아버지는 '외할아버지'라고 한다. 마찬가지로, 아버지의 어머니는 '친할머니', 어머니의 어머니는 '외할머니'라고 부른다.
> '삼촌'은 아버지의 형제 가운데 주로 결혼하지 않은 사람을 말한다. 아버지의 결혼한 형은 '큰아버지', 아버지의 결혼한 남동생은 '작은아버지'라고 부른다. 어머니의 남자 형제는 '외삼촌'이라고 한다.

제7과 여러 가지 낱말을 익혀요(1)   54쪽

1. (1) 팔

(2) 가슴

(3) 배

(4) 허벅지

(5) 무릎

(6) 종아리

2. (1) 손톱

(2) 손등

(3) 손가락

(4) 발톱

(5) 발등

(6) 발바닥

3. (1) 아버지

(2) 어머니

5. (1) 본다

(2) 맡는다

(3) 먹는다

(4) 듣는다

(5) 만진다

> 문제에서는 동사의 현재형을 답으로 다루었다. 이 동사들의 기본형은 '보다, 맡다, 먹다, 듣다, 만지다'다.

6. (1) 산책

(2) 이웃

(3) 공원

(4) 불만

(5) 사냥

7. (1) 나무

(2) 태극기

(3) 시계

(4) 미끄럼틀

(5) 운동장

(6) 철봉

(7) 그네

(8) 교문

(9) 연필

(10) 선생님

(11) 계단

(12) 친구

(13) 공책

(14) 지우개

8. (1) 화분

(2) 달력

(3) 칠판

(4) 책

(5) 책상

(6) 필통

(7) 의자

제8과 여러 가지 낱말을 익혀요(2) 63쪽

1. (1) 김치

(2) 설렁탕

(3) 스파게티

(4) 피자

2. (1) 꽃입니다

(2) 예쁩니다

(3) 심습니다

> 서술어의 여러 형식을 공부하는 부분이다.
>
> (1) 명사 + 이다
> (2) 형용사
> (3) 동사

(4) 생일입니다

(5) 선물을

(6) 칩니다

(7) 케이크가(음료수가, 음식이 등)

(8) 좋습니다(즐겁습니다, 기쁩니다 등)

> 문장의 구성 요소를 공부하는 부분이다. 빠진 요소를 넣어 문장을 완성한다.
>
> (4), (6), (8) 서술어(~다/습니다)
> (5) 목적어(~을/를)
> (7) 주어(~이/가)

3. (1) 씁니다

(2) 탑니다

(3) 흔듭니다

(4) 구릅니다

> 높임말을 쓰자면 (1) '쓰십니다', (3) '흔드십니다'가 맞다. 하지만 교육 과정에서 아직 높임말을 다루지 않았으므로 '씁니다', '흔듭니다'로 한다.
>
> * 구르다: 선 자리에서 발로 바닥을 힘주어 치다.

4. (1) 던집니다

(2) 찹니다

(3) 굴립니다

(4) 칩니다

5. (1) 학교

(2) 서점

(3) 은행

(4) 도서관

(5) 가구점

(6) 소방서

6. (1) ③

(2) ②

(3) ①

(4) ③

7.(1) 봐

   (2) 가게

   (3) 맛있대

   (4) 기다란

   (5) 사냥꾼

   (6) 뭐든지

8.(1) 신호등

   (2) 육교

   (3) 차도

   (4) 지하도

   (5) 횡단보도

   (6) 인도

제9과 반갑게 인사해요(1)　72쪽

1.(1) 감기 – ㉢ 병원

   (2) 필통 – ㉠ 문구점

   (3) 포도 – ㉡ 시장

2.(1) 꽹과리

   (2) 북

   (3) 장구

   (4) 징

   (5) 탬버린

   (6) 피아노

3.(1) 가

   (2) 안녕

   (3) 축하해

   (4) 고마워

   (5) 미안해

   (6) – ㉣

   (7) – ㉡

   (8) – ㉤

   (9) – ㉠

   (10) – ㉢

4.(1) ㉡

   (2) ㉠

   (3) ㉠

   (4) ㉡

   (5) ㉡

   (6) ㉠

   (7) [공노리]

   (8) [으막]

   (9) [겨우른]

   (10) [자블]

   (11) [도서과네]

5.(1) 힘껏

   (2) 정말

   (3) 항상

   (4) 모두

   (5) 깜짝

6.(1) ②

   (2) ③

   (3) ③

(4) ①

제10과 반갑게 인사해요(2)　　80쪽

1. (1) 시계 – ㄷ
   (2) 바람 – ㄱ
   (3) 별 – ㄴ

2. (1) ③
   (2) ①
   (3) ③
   (4) ②

(1) ① 안녕?
   ② 안녕히 다녀오셨어요.
(2) ② 축하해.
   ③ 고마워.
(3) ① 학교 다녀왔습니다.
   ② 안녕히 주무세요. / 잘 자.
(4) ① 고마워.
   ③ 미안해.

3. (1) [바라미 부러요]
   (2) [바블 머거요]
   (3) [강아지드리 지저요]
   (4) [하느레서 누니 내려요]
   (5) [으마글 드러요]

4. (1) 가늘다
   (2) 아랫집
   (3) 등굣길

(4) 약하다
(5) 깊다

5. (1) 나비
   (2) 다리
   (3) 가로등
   (4) 전봇대
   (5) 아파트
   (6) 나뭇가지
   (7) 상장
   (8) 걸음
   (9) 불만
   (10) 꿈
   (11) 생신
   (12) 웃어른

6. (1) 합니다
   (2) 잡니다
   (3) 걷습니다
   (4) 달립니다
   (5) 받습니다
   (6) 줍습니다

(6) 가끔 '줍다'를 '줏다'로 쓰는 사람이 있다. 하지만 '줏다'는 '줍다'의 사투리이므로, '줍다'라고 써야 한다.

7. (1) 꿨어요
   (2) 이웃집
   (3) 부지런히
   (4) 발짝
   (5) 뻔했어요

(1) '꿨어요'는 '꾸었어요'의 준말.
(5) 뻔하다: 앞말이 뜻하는 상황이 실제 일어나지는 않았지만 그럴 가능성이 매우 높음을 나타내는 말.

제11과 또박또박 읽어요(1) 88쪽

1. (1) 먹습니다
   (2) 흔듭니다
   (3) 날아갑니다
   (4) 깁니다

2. (1) 자전거
   (2) 줄넘기
   (3) 피아노
   (4) 연
   (5) 축구
   (6) 그림

3. (1) .
   (2) ?
   (3) ?
   (4) !
   (5) ,
   (6) .

문장 부호를 넣는 문제에 명확하게 답이 하나인 경우도 있지만, 여러 답이 가능한 경우도 있다. (4)는 마침표(.)도 정답으로 할 수 있다.
문장 부호를 알맞은 위치에 쓰도록 노력한다.
(5) 쉼표(,)는 긴 문장을 끊어 읽도록 나타낼 때에도 쓴다.

4. (1) ∨
   (2) ⩔
   (3) ∨, ⩔
   (4) ∨, ⩔, ∨, ⩔

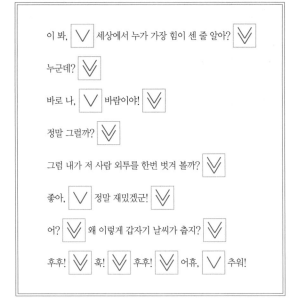

5. (1) – ㉡ 따뜻하다
   (2) – ㉠ 짧다
   (3) – ㉢ 작다
   (4) – ㉢ 적다
   (5) – ㉣ 내려가다

'작다'와 '적다'를 잘 구분한다. '작다'는 크기, '적다'는 양을 나타내는 말이다.

6. (1) 키득키득
   (2) 뒹굴뒹굴
   (3) 팔랑팔랑
   (4) 깜빡깜빡

제12과 또박또박 읽어요(2) 96쪽

1. (1) 사냥꾼
   (2) 농사꾼
   (3) 낚시꾼

2. (1) 납작한
   (2) 댁
   (3) 진짜

(4) 쓰러졌어요

(5) 매일

(6) 꾀

(7) 초대

3. (1) 필통

(2) 수업

(3) 부리

(4) 접시

(5) 마당

(6) 완성하다

(7) 놀라다

(8) 구경하다

(9) 기웃거리다

⑩ 쓰러지다

4. (1) – ㉢ 나가다

(2) – ㉣ 거짓말

(3) – ㉠ 답하다

(4) – ㉤ 같다

(5) – ㉥ 내려가다

(6) – ㉡ 덥다

5. (1) 개

(2) 마리

(3) 그루

(4) 권

(5) 명

(6) 송이

6. (1)

| | 원 | 숭 | 이 | 가 | | 줄 | 넘 | 기 | 를 | ∨ |
| 합 | 니 | 다 | . | | | | | | | |

(2)

| | 연 | 필 | 과 | | 지 | 우 | 개 | 를 | |
| 필 | 통 | 에 | | 넣 | 었 | 어 | 요 | . | |

(3)

| | 아 | 기 | 가 | | 엉 | 엉 | | 소 | 리 | ∨ |
| 내 | 어 | | 울 | 어 | 요 | . | | | | |

(4)

| | 학 | 교 | | 수 | 업 | 이 | | 끝 | 나 | |
| 고 | | 축 | 구 | 를 | | 했 | 어 | 요 | . | |

(5)

| | 바 | 람 | 이 | | 불 | 어 | | 감 | 이 | ∨ |
| 떨 | 어 | 졌 | 어 | 요 | . | | | | | |

(6)

	여	우	야	,		나	를		저	녁	∨
식	사	에		초	대	해		쥐	서	∨
정	말		고	마	워	!				

(1), (3), (5), (6) 한 줄의 끝에 띄어 써야 할 때에도 다음 줄에서 한 칸 비우지 않는다. 그 대신, 한 줄의 끝에 띄어쓰기 표시를 한다. 꼭 해야 하는 것은 아니지만, 띄어쓰기를 연습할 수 있어 학습에 도움이 된다.
(6) 쉼표(,) 뒤에는 한 칸을 비우지 않는다.

제13과 알맞은 낱말을 찾아요(1) 104쪽

1.(1) 월
　(2) 화
　(3) 수
　(4) 목
　(5) 금
　(6) 토
　(7) 일

2.(1) 하나
　(2) 둘
　(3) 셋
　(4) 넷
　(5) 다섯
　(6) 여섯
　(7) 일곱
　(8) 여덟
　(9) 아홉
　⑽ 열

3.(1) 꽃
　(2) 딸기
　(3) 빵
　(4) 씨름
　(5) 팔찌
　(6) 뽈

4.(1) 닦습니다
　(2) 갔습니다
　(3) 샀습니다
　(4) 볶음밥
　(5) 낚시

5.(1) 꼬리를
　(2) 사과를
　(3) 낍니다

　(4) 잡니다

6.(1) 크다, 작다
　(2) 높다, 낮다

7.(1) ③
　(2) ①
　(3) ③
　(4) ②

문제의 오답 풀이

(1) ① 비바람, ② 진눈깨비
*휘몰아치는: 비바람 등이 한곳으로 세차게 부는.

8.(1) 곶감
　(2) 쫑긋
　(3) 옷걸이
　(4) 씻었어요
　(5) 넣었어요
　(6) 그쳤어요

제14과 알맞은 낱말을 찾아요(2) 112쪽

1.(1) 밤
　(2) 낮
　(3) 오전
　(4) 오후

(3), (4) 정오(낮 12시)를 기준으로 그 앞 시간을 '오전', 그 뒤 시간을 '오후'라고 한다.

2.(1) 숲
　(2) 산
　(3) 밭

(4) 도서관

(5) 놀이터

(1) '숲'은 '수풀'의 준말이다.

3. (1) 한복

(2) 기차

(3) 사자, 동물

(4) 사과, 과일

(5) 떡국, 음식

4. (1) 칩니다

(2) 벗습니다

(3) 날립니다

(4) 춥니다

(5) 묶습니다

(6) 부릅니다

5. (1) 물통

(2) 산책

(3) 냄비

(4) 안경

(5) 여행

(6) 그림책, 그림

(7) 요리, 음식

(8) 꿀, 꽃

(9) 꾀, 재주

(10) 마스크, 코

6. (1) 안

(2) 밖

(3) 아래

(4) 위

(5) 연필이

(6) 지우개가

(7) 책이

(8) 가방이

(9) 의자가

7. (1)

	생	일		축	하	해	!			

(2)

/	기	침	을		해	서		목	이	∨
아	파	요	.							

(3)

/	이		숲	에	서		나	보	다	∨
빠	른		동	물	은		없	어	.	

(4)

/	여	름	에		미	리		음	식
을		모	아		두	었	다	면	
얼	마	나		좋	았	을	까	?	